# 文化课程观

## 寻找优质教育内生长道路

许崇峰 ◎ 著

天津出版传媒集团

天津教育出版社

图书在版编目（CIP）数据

文化课程观：寻找优质教育内生长道路 / 许崇峰著. -- 天津：天津教育出版社，2024.11. -- ISBN 978-7-5309-9362-0

Ⅰ．G40-03

中国国家版本馆 CIP 数据核字第 2024L598J6 号

文化课程观：寻找优质教育内生长道路

WENHUA KECHENGGUAN XUNZHAO YOUZHI JIAOYU NEISHENGZHANG DAOLU

| 出 版 人 | 黄　沛 |
|---|---|
| 作　　者 | 许崇峰 |
| 责任编辑 | 王剑文 |
| 装帧设计 | 欧阳朔钰 |

| 出版发行 | 天津出版传媒集团<br>天津教育出版社<br>天津市和平区西康路 35 号　邮编:300051<br>http://www.tjeph.com.cn |
|---|---|
| 经　　销 | 新华书店 |
| 印　　刷 | 三河市同力彩印有限公司 |
| 版　　次 | 2024 年 11 月第 1 版 |
| 印　　次 | 2025 年 1 月第 1 次印刷 |
| 规　　格 | 16 开（710 毫米 ×1000 毫米） |
| 字　　数 | 330 千字 |
| 印　　张 | 16.5 |
| 定　　价 | 68.00 元 |

# 目　录

## 第一章　打造优质教育之路

### 第一节　创造才能走进教育深处　　002
一、初始，让"感动"之花盛开　　002
二、坚定，让"尚礼"之风吹遍校园　　004
三、创生，以"山海"文化育人才　　007
四、携手，共襄"大先生"风范　　009

### 第二节　构建爱的教育底色与本色　　011
一、给予学生拼搏的理由　　011
二、爱的教育静待花开　　013
三、"山海"智慧让爱生长　　015
四、照亮学生心灵的爱　　017
五、教室小天地，教育大空间　　019
六、为了明天升起的太阳　　022

### 第三节　语文滋养生命，阅读润泽灵魂　　024
一、将优秀的传统文化融入语文教学　　024
二、让朗读成为一种享受　　026

三、提高学生语言表达能力　　030
四、还语文本身的乐趣于学生　　033

## 第二章　追求卓越的教学研究

### 第一节　从学习共同体的互动研究起步　　**040**
一、核心概念的界定　　041
二、研究价值与目标　　043
三、实践中的教学收获　　045

### 第二节　形成共同体学习范式　　**050**
一、建立新课程教学理念　　050
二、创新确立课堂活动方式　　052
三、创新确立"情感共振、互动学习"教学模式　　054
四、建构部分学科课堂教学模式　　054
五、形成"自主互动合作探究"的课堂教学模式　　056
六、实现了课程育人的创新　　059
七、结论及思考　　062

### 本部分研究附件　　**064**
附件一　　064
附件二　　070
附件三　　074

## 第三节 初中作文有效教学的策略及模式创新研究　　**081**

　　一、作文教学研究的基本内涵　　082

　　二、强化作文教学研究的过程管理　　092

　　三、作文教学研究的发现和结论　　103

　　四、附录　　114

# 第三章　未来的"大先生"从这里扬帆起航

## 第一节 以校为本的教师发展研究　　**120**

　　一、研究问题　　120

　　二、研究背景和文献综述　　122

　　三、研究程序　　124

　　四、研究发现或结论　　126

　　五、项目研究分析讨论　　137

　　六、研究的思考与未来建议　　139

## 第二节 开发若干教师信息采集工具　　**139**

　　一、教师专业发展需求调查问卷　　139

　　二、教师专业发展状况调查报告　　142

　　三、教师专业发展调查分析　　150

## 第三节 看得见的教师成长记录　　**154**

　　一、韩雪"评价记录式"个人成长档案　　154

二、刘慧"评价记录式"个人成长档案　　167

三、于忠伟"评价记录式"个人成长档案　　182

## 第四章　文化创生无限可能

### 第一节　文化引领，锻造优良师资队伍　　192

一、党建引领，凝聚合力　　192

二、刚柔并济的管理生态　　192

三、弥散无形的管理效用　　193

四、管理就是解决人的需要　　194

五、人人都是自我管理者　　194

六、有为有位，人人作为　　195

七、尾声——乘风破浪，携手同行　　196

### 第二节　培根铸魂，匠心逐梦育英才　　197

一、大教育育新人　　197

二、"大先生"得以成长　　199

## 第五章　"山海"文化培育"仁智"学子

### 第一节　"感动"文化打造"人本"校园　　202

一、基本思路和出发点　　202

二、基本内容和活动目标　　202

三、具体措施和心得　　203

## 第二节 "尚礼"教育打造行为文化    **206**

    一、推出文化理念，实施尚礼教育    206

    二、营造文化氛围，课堂积极践行    207

    三、开展多项活动，深入开展文化建设    208

## 第三节 打造"山海"文化，培育"仁智"学生    **210**

    一、营造山海温馨氛围，优化育人环境    210

    二、创设科学管理机制，搭建民主平台    212

    三、研发"仁智"校本课程，助推人文素养提升    214

    四、开展多彩校园活动，绽放素质教育活力    214

## 第四节 书香校园，日新教育    **216**

# 第六章　时代思政培育新人

## 第一节 "安全地玩"课程资源创新案例    **224**

    一、案例背景    224

    二、主要做法    224

    三、成效与反思    231

## 第二节 "美丽的冬天"教学资源创新设计    **232**

## 第三节 以文化为力量根基，推动思政铸魂设计思路    **237**

    一、文化寻根    237

    二、思政铸魂    243

## 第四节 "中华优秀传统文化"课程资源设计　　**251**

一、中华优秀传统文化融入中小学德育教学的意义　　251
二、中华优秀传统文化融入中小学德育教学的作用　　252
三、中华优秀传统文化融入中小学德育教学的衔接　　253
四、中华优秀传统文化融入中小学德育教学的策略　　255

# 第一章

## 打造优质教育之路

只要行动，就有收获；只有坚持，才有奇迹。

——朱永新

有这样一名教师，他愿意为学生的一生负责，帮助学生成为和谐发展的人，于是他倡导"感动教育"；有这样一位校长，他认为"人无特色不立，校无特色不兴"，于是他提出"尚礼"文化，创建"雅致课堂"；有这样一位教育工作者，他坚信"教育是唤醒，每一个生命都是一粒神奇的种子，蕴藏着不为人知的神秘，而阅读能够唤醒这种蕴藏着的美好和神奇"，于是他推崇"山海"文化，营造书香校园……

他，就是我——现任日照高新区中学党总支书记许崇峰。自参加工作以来，我怀揣着对教育的满腔热情和无限热爱，以"过一种幸福完整的教育生活"为理念，从基层走来，一路跋涉，一路芳华，脚步坚定而执着。

## 第一节　创造才能走进教育深处

### 一、初始，让"感动"之花盛开

1996年是我参加工作的第一年。因为刚刚开始工作，我对一切都很陌生，为了尽快地适应工作，我吃住都在学校，从一点一滴做起，经常忙到深夜，同事们戏称我天天"白加黑"。

通过刻苦学习和参加各种业务培训，我的业务水平有了很大提升，很快由一个"门外汉"转变为学校的一名骨干教师。我尤其善于将所学知识和技能运用于教育教学实践，得到了社会和学生家长的认可与好评。

我和班里的学生亦师亦友，课堂上，我是他们的老师，传道授业解感；课下，我是他们的大哥哥，帮助他们解决生活中的问题。"教育没有情感、没有爱，就如同池塘没有水一样；没有水，就不能称其为池塘，没有情感没有爱，也就没有教育。"我在农村长大，经历过贫穷困苦的生活，所以特别关心家庭困难的学生，从多方面给予他们温暖的关怀。那时我的工资不高，而且发放很不及时，有时候要拖上半年才能发一次，但只要班上学生有困难，我总是毫不犹豫地资助他们。潘春花同学家境贫寒，她家距离学校有十几里路，身体条件又不好，经常生病，我就送她去医院看病，替她垫付药费并督促她服药。就这样，潘春花不仅没有因为家庭和身体的原因弃学，而且学习成绩一直在班上名列前茅。她的父母多次感动地说："许老师对潘春花就像对他自己的妹妹一样。"正是这样的真心换真情，学生对我也由最初的冷淡变得亲近。犹记得那个星期一的早晨，天气很冷，下着小雪，因为担心学生上学路上的安全，我早早站在校门口迎接学生。这时候，我看见潘春花笑嘻嘻地朝我走来，她从背包里拿出一个布包，一层一层揭开，里面是两个冒着热气的烤红薯。看着我疑惑的眼神，潘春花说："许老师，这个星期是您的生日了，我知道您为了我们而不能回家，这是我给您带的生日礼物，感谢您对我们的关心和帮助。"这时，班里其他的学生也争先恐后地送给我礼物，有自制的贺卡、有泥捏的小动物……看着他们身上挂着的雪花，看着他们捧着礼物小心翼翼而又郑重的笑脸，我的眼睛湿润了，温暖而又感动的种子在我和孩子们的心里生根发芽……

"品德重于学问，状态大于方法。"我认为教育的最终目的是培养真正的人、有真情实感的人。倘若教师没有真情，学生缺乏感动，教师仅仅靠说理来教育，是很难取得成效的。我特别注意用自己的真情实感去感化学生、感动学生、影响学生，引导学生去关注人性中最美好的情感，发现生活中的真善美。"用心灵感动心灵，用生命点燃生命，用灵魂唤起灵魂，用智慧培育智慧，唤起生命的色彩。"随着1999年竞争上岗，我担任了级部主任，后来先后担任教研室主任、学校办公室主任，多个不同角色、不同岗位的锻炼，让我积累了丰富的教学、科研和学校管理方面的经验。2009年8月，经过民主推选和组织考察，我担任了陈疃中心初级中学校长，在全校倡导并开展了"感动教育"活动。校长带动班子，班子影响教师，教师启发学生，学生带动家长，家长影响社会。感动教育在我的引导下蓬勃发展，实现了从"制度管人"到"文化润心"这一质的飞跃。学校将感动教育寓于教师与学生关系的和谐中、教师与管理者关系的协调中、教师与其他相关人员关系的配合中，从而体现"宽而有度，和而不同"的管理理念，调动教职员工的积极性，营造教育发展的良好氛围。教学骨干力求感动每一位教师，教师力求感动每一名学生，同事之间、学生之间相互关心、帮助，触发感动。学校每年都会在教师中评选"感动教育十佳优秀教师"，我主动放弃该荣誉，其他学校领导班子成员也纷纷将评优资格让给一线班主任和教师们。"他是个不要荣誉的校长"，教师们对我如此评价。2011年11月9日，《齐鲁晚报》发表了根据我和学校的故事写成的新闻稿《一所乡村初中的感人故事》。

诚然，在陈疃中心初级中学任职的三年里，我放弃了年度考核的评优资格，好多荣誉在评选之时，我和班子成员也都让给了表现同样优秀的一线教师，以至于后来进行东港区校长职级制认定时，我的分数几乎排在最后，只被认定为三级校长，但我无怨无悔。在感动的氛围中，干群关系融洽、师生关系和谐。学校中的每个人，人生因感动而精彩，心情因感动而灿烂，心灵因感动得以洗礼，"感动"之花开满了校园。

## 二、坚定，让"尚礼"之风吹遍校园

每就职一任校长，就实现一次跨越。2012年3月，我参加了东港区正科级校长竞聘，以总分第一名的成绩在 30 余名参选校长中脱颖而出，成功竞聘为日照第三实验中学校长。

初到学校，我就感觉到自己接了个"烫手山芋"。这所学校建于 20 世纪 80 年代，是由两所学校合并而成，教师平均年龄偏大；生源中外来务工子女占了相当大的比重，很多家庭对孩子的教育缺乏足够的重视，好多孩子的行为习惯不好。基于这一校情，我立足学校实际，倡导并实施了"尚礼"教育。

万事开头难。我召开了教学干部教师会议，进行了内容深刻的谈心谈话，摆明眼前的困难和将来的前景。我以身作则，每天早上在学校门口值班，风雨无阻迎候师生入校；平时注意关心教师，在教师及其直系亲属生病或遇到意外时，亲自探望，真诚地对待所有教师；站在教师的立场上思考问题，倾听教师的声音，努力维护教师的权益和尊严……付出总有回报，长期坚持下来，教学骨干有了信心，教师有了底气，慢慢地凝聚成一股力量，齐心推动"尚礼"教育。

瑞士心理学家皮亚杰强调："儿童是在周围环境的影响下，通过主客体的交互作用获得发展的。"因此我注重营造校园尚礼文化氛围：教学楼内"博学于文、约之以礼、道之以德"的标语十分醒目；走廊文化别具匠心，以尚礼教育为主题，以经典传统人物、名言名句、典型案例为主要内容，充实和完善校园文化阵地建设，渗透尚礼文化；精心布置并及时更换宣传版面，形成以尚礼文化为核心体系的校园文化宣传教育阵地，解决了以往校园文化层次低、不规范、不系统、缺乏内涵的问题，打造"尚礼之家"。"景物有文化，墙壁会说话，处处有教育"，这些看得见、摸得着的文化载体，让学校形成了浓厚的尚礼氛围。除此之外，我还注重采取一系列措施，让尚礼文化作为学校精神文明创建方面的一项重要内容入脑、入心。首先，持续深化以尚礼为核心理念的校本课程建设，将传统文化和现代文明礼仪结合起来，通过开设校本课程《弟子规》《海曲文化》、创建"雅致课堂"以及"树优良学风,展班级风采"班级文化建设活动等,大力提升师生的文明素养和思想道德情操,打造具有学校特色的品牌文化,不断提升学校文化内涵。其次,以尚礼教育为主题,在教师中开展以《教师职业道德规范》和《教师礼仪规范》为主要内容的职业道德和职业礼仪文化教育,着力解决教师队伍中存在的不注重细节、思想守旧、缺乏职业理想和创业激情等与新时期教育形势不相符的教育思想和行为,培养"礼仪之师"。最后,以尚礼教育为主题,在学生中开展以礼仪、礼貌、礼节为重点,以《中小学生守则》《中小学生日常行为规范》《学生文明礼仪规范手册》中的内容为基本要求,以《弟子规》等传统文化内容和传统美德教育为补充的文明礼仪教育,秉持"宣传教育与实践活动相结合,思想教育与日常管理相结合"的原则,着力解决学生中存在的文明意识不强、礼仪素养不高、传统美德缺失等现象,培育"礼仪之星"。

以"文化育人,活动引领"为主线,以实施尚礼文化品牌建设为平台,以开展"尚礼之星""班级代言人"评选等特色活动为载体,围绕"学礼""知礼""明礼""达礼"分层实施,丰富德育内容,创新德育模式,引领学生健康快乐成长。通过宣传、教育和实践,树立先进典型,解决突出问题,广大师生在文明礼仪知识、文明礼仪意识、文明礼仪规范等方面发生了显著的变化,广大教职工和学生中形成了以讲文明、懂礼仪为荣的良好风尚和崇尚道德礼仪、学习道德礼仪模范、争当道德礼仪模范的浓厚氛围。学校成为文明礼仪的宣传和示范窗口,学生群体成为文明礼仪行动的先锋队,整个学校步入文化引领的健康发展轨道,尚礼文化之风吹遍校园。《齐鲁晚报》以题为《让尚礼文化在校园落地生根》的文章、《语言文字报》以题为《推崇"尚礼"教育,打造文化特色》的文章,相继于2016年1月29日和2017年11月20日报道了我校这一教育新成果。

## 三、创生，以"山海"文化育人才

2017年8月，由于工作需要，我前往日照高新区中学担任校长。据我了解，本校新教育实验始于2014年，星星之火点亮了新教育之光。又因北靠河山、东邻黄海，学校挖掘了"山海"文化内涵，提出了"仁山载物，慧海育人"的山海文化育人理念，致力于"培养具有山海品质的优秀学生"，倡导师生"过一种幸福完整的教育生活"，继续推行新教育十大行动，开启新教育儿童课程。

"教育是唤醒，每一个生命都是一粒神奇的种子，蕴藏着不为人知的神秘，而阅读能够唤醒这种蕴藏着的美好和神奇。""最是书香能致远"，新教育把阅读作为"过一种幸福完整的教育生活"的基础工程，把"营造书香校园"作为"十大行动"的基础。为此，我校积极开展创建"书香校园"活动。学校以创建活动为契机，在教师中倡导"书香为伴"的理念，将朴素的"读书是一种需要"的理念上升为"读书是一种责任，读书是一种乐趣，读书是一种有益的生活方式"，通过开展课外阅读记录卡、书香家庭评比、读书故事会、诗歌朗诵会、规范汉字听写大赛以及"我的中国梦——书香伴我行"诵读活动，在学生中倡导"读好书，好读书，会读书"的阅读理念。学校为此整合各方面的资源，专门编写了"书香校园"系列读本，以此为载体激发学生的读书兴趣，培养学生的阅读习惯，让读书逐渐成为学生的一种生活方式，为其终身学习打下基础。通过书香校园创建活动，师生养成了读书及书写规范汉字的习惯，促进了教师的专业发展和学生的健康成长，形成了良好的阅读氛围和阅读传统，从而创建出一个充满书香之气的校园，学校也因此获得了"东港区书香校园"的荣誉。2017年5月，学校获得"东港区师生经典诵读团体"二等奖、"日照市小学组经典诵读"二等奖、"日照市中学组师生经典诵读"二等奖等荣誉。

"你或许拥有无限的财富，一箱箱的珠宝与一柜柜的黄金。但你永远不会比我家富有——我有一位读书给我听的妈妈。"除了营造书香环境、科学引领阅读以外，我校还将先进的阅读理念、切实有效的阅读方法传递给学生家长，营造出亲密和谐的书香家庭氛围。通过"亲子课堂"的形式，学校致力于家长和孩子建立互动的阅读关系，形成正确的阅读观念和方法，鼓励家长和孩子共同阅读。在此基础上，学校相继开展了"亲子阅读大擂台""坚持阅读 30 天""快乐阅读家长交流会"等亲子阅读活动，为学生创造了更多的阅读机会，进而提升其阅读体验，使其发现阅读的乐趣。

书籍就像一扇窗，打开它，阳光就能照耀每个学生美好的心灵。学校组织各种形式的阅读活动，诸如师生共写随笔、漂流日记、精美绘本故事、读书节主题班会……点点滴滴的积累在学生们的心里慢慢汇集成一股股清泉，泽润着他们的心灵，也让他们收获好习惯，体会到读书的愉悦和幸福。我想，新教育不仅带给学生爱读书的好习惯，更重要的是让学生愈加幸福。

"每一位孩子都是一粒期待发芽生长开花的种子，相信种子，相信岁月。""只要行动，就有收获；只有坚持，才有奇迹。"无论我任教于哪所学校，无论我身居何位，我始终明白，我是一名教师，就像教育家朱永新所言，"我早已视教育为天命，我最骄傲的身份是教师"。为了学生的幸福，我乐于做教师；为了学生的未来，我甘于辛勤付出。"我是教师，以现在求证未来，让生命幸福完整"，这就是我的教育理想。我已经找到了正确的路，朝向理想，踏歌远行，在新教育中探索最美好的教育模式，成就学生们最灿烂的未来！

## 四、携手，共襄"大先生"风范

"广大知识分子要肩负起自己的使命，立足岗位、不断学习、学以致用，做好本职工作。当老师，就要心无旁骛，甘守三尺讲台"，这就是做有理想信念、有道德情操、有扎实学识、有仁爱之心的"四有"好教师的标准。我们教师应当将这四点要求化为自觉行动，成为新时代人民教师，为培育祖国未来的希望作出自己的贡献。在此，我谈谈学习这四点要求的一些心得体会。

一要有理想信念。作为未来的筑梦人，我们要认识到教师岗位的重要性，担负起教师的神圣职责，坚定科学的核心教育理念，如此方可达到传道授业的理想效果。拥有理想信念不仅是教师实现职业价值的需要，其最终目的应落实到"筑梦"二字，即为学生树立起风向标，进而培养他们的梦想。教师是学生灵魂的启蒙者，对处于走向社会关键时期的青少年，教师要引领他们夯实基础，帮助他们构建有梦想、讲诚信、有勇气、懂分享的灵魂"大厦"。

二要有道德情操。为人师表，教书育人，"道"和"德"自古就是身为教师应遵守的规范，"道贯古今，德行天下"是每一名教师都应该具备的职业理念。学生的学习是无处不在的，其中"道"和"德"则是其成长过程中的根本性内容。作为筑梦人的教师，这方面的模范作用尤为突出，所以教师坚守自身的道德品质就更显得弥足珍贵。当代教师应当不断加强自我修养，努力提升自身道德情操和人格品质，做以德施教、以德立身的楷模。

三要有扎实的知识。"给学生一碗水，教师要有一桶水"，教师应当具备扎实的理论基础和过硬的专业素养，保持终身学习的良好习惯。学习能力是教师职业的本质属性，学习是教师的存在方式，伴随着教师教书育人职业生涯的整个过程。教师要善于学习、潜心学习，不断提高自己的教育教学能力。首先，教师要有自我再教育的意识。"苟日新，又日新，日日新"，这样才能真正做到诲人不倦；其次，教师教人求真，那么自己也要求真知、求真本领、求真道德，做到"求真务实，开拓创新"；最后，随着现代科学技术发展和"互联网+"时代的到来，作为承担传承人类文明使命的教师，应当主动学习，掌握新知识、新技术。

四要有仁爱之心。俄国大文豪托尔斯泰说："如果一个老师把热爱事业和热爱学生结合起来，他就是一个完美的老师。"作为青少年的中学生，身心发育尚未成熟，尚未具备扎实的理论素养与较高的能力水平，在学习和生活中难免会遇到这样或那样的问题，因此教师对学生的包容与理解也就显得尤为重要。教师要用爱培养爱、激发爱、传播爱。教师应时常告诫自己：我们今天的一个微笑、一句赞扬和鼓励的话，换来的可能是一个孩子灿烂的一生。

三尺讲台融进的是辛劳，是陶醉；融进的是师德，是师魂！我们应该始终牢记"今天的学生就是未来实现中华民族伟大复兴中国梦的主力军，广大教师就是打造这支中华民族'梦之队'的筑梦人"。那么，就让我们开启"大先生"持续不断育英才的征程吧。

时代的发展为我们提供了广阔的舞台，科学发展观为我们开拓了一条教改之路，呼唤着我们去探索、去创造。让我们团结一心、携手并进，用饱含理想、道德、学识的仁爱之心，去迎接学生的信心、勇气和力量吧！

## 第二节 构建爱的教育底色与本色

### 一、给予学生拼搏的理由

我记得自己带过的第一届学生中有几个学生特别调皮捣蛋，对学习完全没有兴趣。对于他们而言，这个世界除了学习以外，其他任何事情都有意义。如果让他们在打扫厕所和上课之间作出选择，他们一定会选择前者。

我和这几个学生曾经多次聊过学习，态度或严肃或轻松。我的问题很直白："为什么不喜欢学习呢？"

"不会""不想""没用""不为什么"，几个人轮流挤出这么几个词语，算是回答。

"为什么说没用呢？"从他们给出的理由里，我选了一条反问道。

"那你说学习有什么用呢？"学生反问道。

"至少会对你以后的生活有些帮助吧？"我没敢说那些冠冕堂皇的大道理，因为我知道和他们讲这些，他们多半会不屑一顾，或许从此不再和我真心对话。

"不上学就不能生活了吗？我们才不担心以后的生活！"另一个学生一脸不屑地说。

"这么说，你们都为自己以后的生活做好准备了？"我想知道他们对未来是怎么规划的，便追问了一句。

"我家在家居市场上有好几家店，等初中毕了业我就和爸爸一起经营家里的店铺，正好他自己忙不过来。跟着他做几年，等业务熟练以后，这个店铺就是我的了。"第一个学生回答得理直气壮，仿佛他已经是店老板了。我和他的父亲接触过几次，其为人比较谦和，对于孩子的学习或许是没有精力监督，又或者是真如学生所言，对孩子的学习要求本就不高。

"我们村里拆迁，我家里分了七八套房子，我肯定混得比他们好。你看看××，都学'傻'了。"这个学生的爸爸没有固定工作，日常以做零工为生。虽说没有店铺可以继承，但赶上了"拆迁热"，多套拆迁安置房让这个学生对自己的未来非常乐观，家长对此也抱有同样的看法。

一时间，我好像明白了许多学生对学习没有兴趣的原因。原来，很多家长会在有意无意之中让孩子觉得生活有足够的依赖，即便不努力读书也可以免于饥饿，有了依靠便失去了拼搏的理由和动力；也有的家长基于现在大学生困难的就业形势以及对教育意义的狭隘理解，认为既然大学文凭换不来好工作，那么上不上大学也就无所谓了，还不如早些学点技术或者增加一些社会经验；还有的家长是对自己孩子的学习失去了信心，以"你不好好学习就回家来跟着我做买卖"这样的观念来教育孩子，这不仅没有起到教育作用，还给了孩子一个错误的暗示——即使不好好上学，以后也会有事做。

有了退路就不再想拼搏与努力，这样的学生每一届都有。他不会去想，如果发愤图强、学业有成，或者多学一点儿，或许几年后他家的店就不会只是市场上的那几家；也不会去想，如果自己不努力，即便家里拥有数套房产，也有可能坐吃山空。

孩子毕竟是孩子，缺乏生活经验，更不知道生活的艰辛。他们只是经历了学习的困难，便以为除了学习之外，其他的活计都会很轻松、很有趣。于是，他们开始等着去"消费"家长们给他们"策划"好的未来，对自己现在应该去做的事情失去了兴趣。对于学习没有了兴趣，又遇到了学习困难，于是他们就更没有了学习的动力，慢慢地也没有了学下去的可能。家长如此替孩子所"策划"的真的是孩子需要的未来吗？

这让我想起了一个故事：古希腊哲学家季诺经常在雅典的市场里讲授哲学。因为存在应付心理，虽然他讲授了很长时间，却一直没有引起较大的反响。只因他拥有一艘货船，而货船的收入足以使他衣食无忧。有一天，季诺的货船在暴风雨中沉没了，他感叹道："命运之神啊，今后我只能以哲学为职业，也只能以此为生，别无他法。"季诺从此全身心投入哲学之中，后来成为斯多葛学派的创始人，取得了很高的成就。

从这个故事中我们（尤其是家长）可以收获以下感悟：不要给自己的孩子设置一艘影响他们前行的大船，未来的风雨可以让任何船只沉没。那些所谓的依靠，未必足够保障孩子一生的生活。不要给孩子承诺或编造太多的可以倚仗的条件，使他们不能安心于当下，不做自己该做的事情。即便真的有保障，多学一点知识、多掌握一种本领，也是一种成长、一种锻炼。成长的过程中，孩子需要拼搏、需要锻炼，需要体验竭尽全力的感觉；不要给孩子"躺平"的借口，而要给他安心当下、坚守本分的理由。事虽难，做则可成；路虽远，行则将至。青春应该奋斗，即便不成功，拼搏过了就不会后悔。

## 二、爱的教育静待花开

一朵花需要多久才能绽放？播种、浇水、施肥、除草，整个过程离不开园丁的悉心呵护；一个学生需要多久才能成材？教育、引导、鼓励、关心，教师在这个过程中扮演着至关重要的角色。教师之于学生，就像园丁之于花朵，恒久努力，只为换取学生的美好前程。作为教师的我也在教育之路上不断思考，同时与学生一起成长。

学生们天真烂漫，有时会跟我说很多有趣又好玩儿的事情。比如有个学生在家里养了一只小猫，她会跟我说小猫是如何在家里捉老鼠的；还有个学生告诉我，他攒了好几年压岁钱，已经有几百块了……这样的事例不胜枚举，常把我逗得哈哈大笑。与他们相处，我感到既轻松又愉快。

一次数学课后，数学老师对我说，刚才她放在讲桌上的两枚硬币不见了，本来想着下课后带走，可因为处理其他事情，当时就把硬币落在了讲桌上。等返回教室，她发现硬币已经不翼而飞了。

得知这件事情，我顿时火冒三丈，气冲冲地来到教室，不分青红皂白地对学生大发雷霆。临走的时候，我说："这件事情非常严重，如果硬币不是你的，在未经他人许可的情况下，私自把别人的东西拿走，这就涉及个人品质问题，情节严重的还会涉嫌犯罪。"说这话的时候，我看到很多学生的脑袋转来转去，似乎在猜测是谁干的。我继续说："拿硬币可能并非你的本意。这样吧，给你一些时间，如果不是你的，你就趁大家不注意的时候，悄悄地把硬币放回到讲台上。"说完，我就头也不回地走了。经过教室后门的时候，班里不再像往常那么安静，而是炸开了锅。其实，当时我内心并不确定这个学生会不会把硬币还回来。我甚至还在想，如果他不主动还回来，我是不是要去查一下监控录像，把肇事者好好教育一顿。

事情远没有我想象的那么复杂。不到十分钟，班长就飞快地跑来对我说："老师，你看！"他的手里拿着两枚硬币。那一刻，轻松、喜悦的感觉涌上我的心头。一直到现在，我都不知道拿硬币的学生是谁，我想已经没有必要找他长谈了，因为他已经历了一次精神的洗礼，意识到了错误并且勇于改正了错误。

这件事情后，我也反思自己，如果当时我不那么急躁，不对学生发火，可能会取得更好的效果。其实教育从来都不是一蹴而就的事情，它需要长时间潜移默化的影响。教师的一个眼神、一个动作、几句鼓励的话，不经意间就会触动学生心灵的深处，带来意想不到的改变。

花儿不会辜负园丁，只要耐心等待，一定会迎来满园花香；学生也是如此，只要教师真心付出，以等待花开的心态去等待孩子们的成长，多一份耐心、多一份包容、多一份鼓励，定会收获温暖的回馈。

## 三、"山海"智慧让爱生长

孔子曰："知者乐水，仁者乐山。知者动，仁者静。知者乐，仁者寿。"山海文化，令我的教育过程充满了爱的智慧。

几十年的教育经历，特别是担任班主任的工作经历，让我深刻地认识到——爱心是打开儿童心灵、理解教育奥秘的钥匙。为人师者，必须把整个心灵献给学生，用"真情、真心、真诚"爱每一个学生。教师的关爱比渊博的知识更重要，是每个学生最起码的心理需求。教师的关爱是学生学习道路上的一盏明灯，指引着学生前进的方向；教师的关爱是学生生活中一抹温暖的阳光，给予学生关心和鼓励。

教师关爱学生，就要亲近学生、了解学生，善于走进学生的情感世界，把学生当作自己的朋友，去感受他们的喜怒哀乐。作为一名教师，我每天生活在学生之中，观察他们、研究他们。在课间，我总是和学生们聚在一起说笑、漫谈，询问他们在学习和生活中有哪些困难，如哪门功课学起来得心应手，哪门功课学起来有困难或疑问，希望老师在哪些方面做一些改进等；我还经常提醒学生要注意个人卫生，冬天注意防寒保暖、夏天注意防暑避蚊等。在无拘无束的气氛中，我逐渐了解了学生的学习、生活情况以及他们的爱好、个性，拉近了与学生之间的距离。平时，我尽可能地在各方面都给予学生无微不至的关怀和照顾，尤其是对于生病的学生，除了第一时间通知家长外，我总是尽最大可能施以援手。一次，李晓文同学因急性胃肠炎上吐下泻，家长因路远难以及时赶到学校，我便冒雨带她去医院。真挚的关爱赢得了学生的尊重和信赖，融洽了师生关系，对于班级管理和学生的发展也有很大的帮助。

作为教师，要善于发现、挖掘学生身上的闪光点，激发他们的潜能与个性，让他们真正成为自己。一旦学生发现了自己的优点，找到了自身优势，就会爆发出难以想象的力量。在一次公开课上，我问学生："学习了《北京亮起来了》这篇课文以后，你有什么想说的吗？"有的学生说："北京的夜晚真美丽啊！"有的说："真想到北京去看看。"……

"我觉得北京那么多灯，太浪费电了！"一个不一样的声音传来，接着也有几个学生随声附和。我一看，原来是一个平时比较木讷老实的学生说的。这个时候，面对那么多听课教师和学生，我该怎么做？对其予以惩罚还是鼓励？抑或是视而不见？最终我选择了鼓励，引导他说出自己的想法，并且开展了以"北京应不应该亮起来"为主题的小辩论会。辩论会上，这名学生的发言有理有据、条理分明，大家这才发现原来他擅长辩论。在他的带动下，所有学生都参与其中，课堂效果出奇的好。

教师关爱学生，还要理解学生，平等地对待每一个学生。学生是处于发展中的尚未完善的人，教师对学生不能求全责备，而应多给予一些尊重、理解、关爱和帮助。俗话说，人上一百，形形色色。在班里，总是有那么几个学生调皮捣蛋或者沉默寡言，教师往往很难喜欢这样的学生。但作为教师，我们更应该记住：孩子的不同，不能够成为我们厚此薄彼的理由。家庭教育造就了孩子的千差万别，教师的职责正是让学校成为每一个学生的乐园。因此，在平时的教学中，我们要平等地对待每一名学生，让学生觉得你不是高高在上的老师，而是跟他们无话不谈的朋友。我们要学会理解学生，就像苏联教育家赞可夫所说："当教师把每一个学生都理解为，他是一个具有个人特点的、具有自己的志向、自己的智慧和性格结构的人的时候，这样的理解才有助于教师去热爱儿童。"基于这样的理解，教师就不会因为学生调皮捣蛋而恼火，就不会因为学生辩解顶撞而发怒，就不会为学生幼稚无知而生气。教师只要想到自己也曾是个与学生一样的孩子，心境就平和了，气就顺了，就能够冷静地采取为学生所理解和接受的方式去处理问题、解决问题。

善于爱的教师会小心翼翼地去启发、教育和平等对待每一个学生。学生即便做错了事，也不必提心吊胆等着被批评；即使受到批评，学生感受到的也仍然是教师深切的爱。

陶行知先生说过："不要你的金，不要你的银，只要你的心。"学生需要爱，教育呼唤爱。爱像一团火，能点燃学生心头希望的火苗；爱像一把钥匙，能打开学生心中的智慧之门；爱是洒满学生心灵的阳光，能驱散学生心中每一片阴霾，照亮他们心中每一个角落，融化他们心中每一块寒冰。在新教育的路上，教师，请把关爱送给每一个学生！只要用爱的春风吹拂每一个学生的心灵，用爱的春雨滋润每一个学生的心田，我们相信每一只"丑小鸭"最终都会蜕变成美丽的"天鹅"！

## 四、照亮学生心灵的爱

有着"美国最佳教师"美誉的雷夫·艾斯奎斯说："一间教室能给孩子们带来什么，取决于教室桌椅之外的空白处流动着什么。"相同面积的教室，有的显得很小，让人感到局促和狭小；有的显得很大，让人觉得有无限伸展的可能。

一间完美的教室，意味着师生共同穿越一门门完美的课程；一间完美的教室，有自己独特的班级文化；一间完美的教室，尊重每个生命的独特性；一间完美的教室，每个人都在各尽所能，让教室成为人人向往之地。决定教室尺度的人，是教师。教师的面貌，决定了教室的内容；而教师的关爱，则是学生学习道路上的一盏明灯。

爱学生是教师应具备的美德之一。高尔基说："谁不爱孩子，孩子就不爱他；只有爱孩子的人，才能教育孩子。"为人师者，爱学生天经地义。所以，我们总希望每一个学生都能理解教师的一片苦心，认同教师的观点，支持教师的做法。但往往事与愿违，有时候教师的爱反而成了学生的负担。对学生来说，爱是阳光，教师关心和鼓励学习成绩好的学生可以促使其上进，但其实学习成绩差的学生更需要得到教师的关爱。在新教育的感召下，我对爱学生有了更深的认识。

### （一）爱学生，要学会尊重学生、信任学生

有人说，对学生可以没有爱，但要有尊重。而我认为，尊重就是一种爱，真正的爱不能没有尊重。一个无视学生人格、漠视学生尊严的教师，不会是一个热爱学生的教师。善于爱的教师一定懂得尊重学生的自尊心，会像爱护自己的眼睛一样爱护学生的自尊心，因为"只有教师关心人的尊严感，才能使学生通过学习而受到教育"。苏联教育家苏霍姆林斯基告诉我们："教育的核心，就其本质来说，就在于让儿童始终体验到自己的尊严感。"教师伤害了学生的自尊心，就会阻碍学生的进步和发展，甚至会毁掉他们的前途。善于爱的教师一定懂得尊重学生的个性。德国著名诗人海涅说："每个人就是一个世界，这个世界是随他而生，随他而灭的。"黄沙如海，找不到两颗完全一致的沙粒；绿叶如云，找不到两片完全一样的叶片；人海茫茫，找不到两个完全相同的学生。每个学生都以自己独特的形象和气质出现在教师面前，教师有责任了解、尊重、发展学生的个性。

### （二）爱学生，要善于理解学生、宽容学生

何谓宽容？有人说宽容学生就是去拥抱学生，让他觉得你是人而不是神；宽容学生就是去包容学生，让他觉得你看到了他的错误却没有揪住不放；宽容学生就是允许学生有不同意见，让他觉得你不是权威而是伙伴……我还想说，宽容就是平等，让学生觉得你不是高高在上的老师，而是跟他们无话不谈的朋友；宽容就是理解，学会了理解，你就拥有了

宽容，也拥有了爱。所以，教师，请试着去理解学生吧！

### （三）爱学生，要以学生为友，感受他们的喜怒哀乐

教师一个关爱的眼神、一句信任和鼓励的话语，都能得到学生的信赖，唤醒他们沉睡的潜能。

每个班都会有调皮的学生，我所带的班级也不例外。聪明乖巧的学生总能受到老师的喜欢，而调皮捣蛋的学生只会引起老师的不满。其实，调皮的学生更需要老师的关爱，问题的关键在于教师该怎样去发现他们身上的闪光点，怎样用爱心去滋润他们幼小的心田，使他们在爱的阳光里茁壮成长。陶行知先生说："不要你的金，不要你的银，只要你的心。"只要教师用心去关心学生、尊重学生、理解学生、信任学生，那么在得到教师言语行为的呵护与滋润后，学生这株"嫩芽"将会更茁壮地成长。

## 五、教室小天地，教育大空间

记得 2018 年教师节那天，一束手叠花摆在了我的办公桌上，花下压着一封信。我打开信，只见上面写着："许老师，您好！今天是教师节，祝您节日快乐。"署名是陈鑫——曾经让我气"炸"了的"熊孩子"之一。看到他的来信，往事一幕幕又浮现在眼前……

那是初一新生入学的第一天，一个下着细雨的上午，53 个孩子欣喜地看着我，惊喜地睁大眼睛——我把一本本新书发给孩子们，看着他们爱不释手地抚摸着新书。

"同学们好！新课本是我们学习知识的工具，我们要珍惜它。回家以后，请爸爸妈妈帮你们包上书皮，好不好？"

这时，"咣"的一声，门外走进一个人来，学生们用诧异的目光盯

着他，有的人在小声议论着什么。

我一看，一个留着小平头、袒胸露怀的学生站在门口。我忙问："怎么这么晚，快进来！"

他瞟了我一眼，抬腿向座位上走去，这时我的目光被他走路的样子吸引住了：他的腿怎么一瘸一拐的！不只我一人吃惊，在座的一部分学生也投来疑惑的目光。等他坐到座位上，我连忙把还未发给他的课本递了过去，他用左手接过了书。

"回家把书皮包上，好吗？"

"我从来没包过书皮。"他冷冷地说。

我看到他的脚跛得挺厉害，右手也有擦伤，难怪他用左手接书，难怪没包过书皮。这一连串的发现使我急于想要弄清他的"底细"。他叫陈鑫，很讲义气、品性散漫、贪玩、爱打架。经我了解，该生的腿一瘸一拐是因其在假期打架而导致的。

随着时间的流逝，我发现陈鑫的内心始终存在一个自卑的"烙印"。按理说他的妈妈应该抚慰他的心灵，可他的妈妈对他不管不顾，没有给过他丝毫关爱，这对于他来说无疑是雪上加霜。

家庭环境的影响加之社会上一些坏风气的侵染，最终使他出口成"脏"，与同学"打"成一片。学生们都害怕他、躲着他。

充分了解了陈鑫的情况后，我深知想要转化他绝非一朝一夕之功，需要给他更多的爱与宽容。于是，我制定了一套专门的行动方案，以期挽救他于危困之中。

首先，动之以情，正面疏导。一开始陈鑫对我和同学们存有戒心，甚至怀有敌意，对我们的关心保持沉默。我想，只要多一些耐心，他终会亲近我的。于是我通过提问他最简单的问题、与他在课间谈心、给他进行课后辅导等亲近他。"精诚所至，金石为开"，一段时间后，我从他的眼睛里看到了光。

其次，晓之以理，激励鞭策。表面看起来强悍如钢的孩子，内心往往有其脆弱的一面。一天，我把他找来，先夸他如何聪明、如何豪爽，在运动场上如何为班级争光，把他自己都不曾觉察到的优点一一列举出来。好几年没受过表扬的陈鑫，其耳朵本已被责骂和训斥磨起厚厚的"茧子"，不承想我会对他说这样一番话，说得他就像三伏天吃了个冰镇大西瓜，心里无比受用！

"不过，"我突然话锋一转，"我看你将来终究也没多大出息。"

"怎么，老师您这么看我？"

"瞧你那表现？我觉得……"

"我要是改了呢？"

"……"我笑着摇了摇头。

"我要是改了呢？"这回他急了。

"我请你吃好吃的，当着全班同学的面请，承认我输了！"

"啪"，他两只手重重地拍在一起。"当真？""当真！""算数？""算数！""好，我跟你赌定了！"他目光坚定。打那以后，他真的开始变了，我于是不断"加温"，不断"浇水施肥"，小心翼翼地保护着他这刚刚萌发的积极性，就像保护着一棵刚破土的幼芽。

最后，以集体的温暖化开冻土。以后班级里出现打架、骂街的事情时，陈鑫总是第一个冲过去劝解。同学们都说他变了，变得不让人害怕了，变好了。

班主任工作是一门学问，更是一门艺术。只要我们班主任坚持用"以人为本，关爱学生"的理念去面对教育教学工作、面对学生，春风化雨般浇灌、呵护我们的学生，我们的花儿定会绽放最绚丽的色彩！

开学月余，适逢国庆 69 周年，每被诸多瞬间感动，感谢同仁的理解支持，我将殚精竭虑与诸君共谋学校新发展！

**国庆抒怀**

许崇峰

周年庆国庆,师生尽欢颜。

十月再回首,幕幕感人篇。

课堂求实效,管理再向前。

研学两相宜,树人立德先。

两度献爱心,大义更无言。

宝剑磨砺出,赛场捷报传。

学期新起步,团结向明天。

丹心育桃李,馨香满校园!

## 六、为了明天升起的太阳

德国诗人席勒在其诗篇《播种者》中这样写道:"你把希望的种子交给了大地,等待春天的萌芽。你在时间的犁沟里撒下智慧的种子,让它悄悄地开花。"如果说教育是一方充满希望的沃土,那么教师就是那辛勤的播种者,守望着青春的岁月,传递着不渝的信念。仰望星空,心怀希望;脚踏实地,扎实进取。

党的十九大报告中特别提到:"青年兴则国家兴,青年强则国家强。青年一代有理想、有本领、有担当,国家就有前途,民族就有希望。"这是党和国家对广大青年极大的鼓舞和鞭策。就自身而言,作为一名党员教师,我要高举习近平新时代中国特色社会主义思想伟大旗帜,坚持"始终对党绝对忠诚、坚决与以习近平同志为核心的党中央保持绝对一致"的要求,积极投身中华民族伟大复兴,发挥好引导、桥梁作用。

师德是教师工作的精髓。有人用"师爱为魂,学高为师,身正为范"概括其内涵,陶行知先生说:"爱学生是对老师最基本的要求。"没有爱就没有教育,何谓师德?师德就是爱与责任。

作为一名教师，我倍感自豪，我脚下是高尚师德的足迹，追寻最美的教育人生。多年前初登讲台，当我看到几十双渴求知识的眼睛，顿时感到"教师"这两个字是那样沉甸甸的。于是，我要求自己脚踏实地、努力工作。那时的我觉得教好课就是一名优秀教师应该追求的品德。然而，多年的教育生涯，从学校一名名忙碌而敬业的教师身上，我真正看到了为人师者的高尚之处所在。他们爱岗敬业，他们爱校如家，他们更是爱生如子。我开始对师德有了更深的理解：师德就是工作兢兢业业，恪尽职守；师德就是与同事融洽和睦，互帮互助；师德更是与学生真诚相待，公平视之，用爱心、细心、耐心为其指引方向，唤回迷途的羔羊，唤醒沉睡的幼芽。师德是苦苦构想执教思路终有所得的欣喜；师德是追求课堂高效教学初见成效的快意；师德是教师与学生促膝谈心、释疑解惑、坦诚相待，是师生情感的积淀。

韩愈有云："师者，所以传道、授业、解惑也。"教师不仅是学生知识的传授者、人类思想文化的传播者、各种人才的培养者，更是学生道德的引导者、学生思想的启迪者、学生心灵世界的开拓者、学生理想信念的塑造者。习近平总书记要求"广大知识分子要肩负起自己的使命，立足岗位、不断学习、学以致用，做好本职工作。当老师，就要心无旁骛，甘守三尺讲台"，提出做"有理想信念、有道德情操、有扎实学识、有仁爱之心"的四有好教师的标准，这是对所有教师提出的要求，也应该成为我们教师自觉的行动。"学高为师，身正为范"，我们要在日常生活中发挥模范、表率作用，注意自己的言谈举止和行为风貌。

"花的事业是甜蜜的，果的事业是珍贵的，让我干叶的事业吧，因为叶总是谦逊地垂着她的绿荫。"选择了教师这一职业，就是选择了"叶的事业"。不美丽，但与花相伴，富有诗意而美好。让我们用慈爱呵护纯真，用智慧孕育成长，用真诚开启心灵，用希冀放飞理想，用我们的双手默默耕耘，用爱共同托起明天的太阳！

## 第三节 语文滋养生命，阅读润泽灵魂

### 一、将优秀的传统文化融入语文教学

中华文明在历史长河中熠熠生辉，是凝聚中华民族精神的重要源泉，为中华民族生生不息、长盛不衰提供了源源不竭的动力。学习中华优秀传统文化，对青少年养成良好的行为习惯、塑造高尚的理想信念、树立正确的价值观具有重要意义。

然而，随着国际国内形势的深刻变化，部分学生深受西方文化思想渗透和冲击，对中华优秀传统文化的重视程度不够，存在不同程度的理想信念模糊、价值观念扭曲、社会责任感缺失等问题。有鉴于此，大力弘扬优秀传统文化这项任务被提上日程。

习近平总书记强调要高度重视中华民族优秀传统文化，他在重要讲话中提出"要保护好、传承好、利用好中华优秀传统文化，挖掘其丰富内涵，以利于更好坚定文化自信、凝聚民族精神"。语文教学作为传承中华文明的重要载体，其内容的设置与实现对中华优秀传统文化的发展与弘扬具有非凡的意义。因此，我们应当对语文教学进行合理的规划与布局，使其能够更好地弘扬优秀传统文化、更好地凝聚中华民族精神。如何利用语文教学来弘扬优秀传统文化呢？我有以下几点建议。

#### （一）灵活安排课堂，激发学生兴趣

对学生进行传统文化教育最基本、最重要的途径就是课堂教学。教师打造生动、活泼的课堂教学环节，将优秀传统文化渗透进课堂教学之中，有利于激发学生对传统文化的学习兴趣，促使学生进一步了解传统文化，将传统文化内化于心、外化于行。

首先，教师应当提高辨别能力，从浩瀚书海中汲取传统文化精华，弃其糟粕，选取高质量的、有利于促进学生成长成才的内容进行授课，保证学生学习的积极性；其次，教师应灵活运用优秀传统文化，不仅可以将传统文化作为独立单元进行专门讲解，还可以在日常课程教学中灵活运用古诗词，这样不仅可以增加课堂的文化内涵和底蕴，对营造良好的课堂氛围也有重要意义；最后，教师可以合理利用新技术，运用多媒体等现代科技手段设计多样化的课堂教学环节，打造生动有趣的语文课堂，激发学生学习兴趣，让学生爱上语文，爱上优秀传统文化。

当然，我们重视优秀传统文化并不意味着要摒弃优秀的现当代文化和西方文化。对待不同的优秀文化，我们应该采取一种包容的态度，以达到推陈出新，让传统文化在文化交融中创新发展。

## （二）阅读国学经典，陶冶学生情操

语文教学应当注重对学生人文素质的培养，仅靠课堂讲解是不够的，还需要对课外知识的了解和积累。阅读国学经典可以改变学生的气质、提高学生的审美情趣、陶冶学生的情操。

首先，教师应当正确分析学情，了解所教阶段学生的课外阅读能力与语文素养，了解学生的兴趣爱好与志向所在，基于具体学情为学生推荐他们易于接受、喜闻乐见的优秀国学读物，让他们不仅能读之，更能好读之、乐读之；其次，教师要做好引导工作，做好学生阅读的"领路人"，不仅要给他们推荐合适的国学读物，还应当指导学生阅读，积极主动地传道授业，解其惑；最后，及时关注学生阅读情况，根据反馈进一步地指导学生阅读，让学生深入体会优秀传统文化的丰富内涵和悠长韵味，提升自己的修养。

### （三）理论联系生活，国学指导实践

传统经典若是不能落实到实际生活中，那永远只是悬浮于生活之上的空洞理论，不能发挥其应有的价值，遑论将其发扬光大。唯有理论联系实际，让学生在实际生活中运用从传统文化中学到的方法论去指导实践，方可让优秀传统文化展现其魅力，发挥其价值。

教师应当积极引导学生理论联系实际，用中华民族优秀传统文化去指导实践。譬如在面对国家利益与个人利益冲突时，运用"人生自古谁无死，留取丹心照汗青"的爱国情怀作出抉择；在面对挫折与困境的时候，体会"竹杖芒鞋轻胜马，谁怕？一蓑烟雨任平生"的乐观豁达；在面对充满挑战的未来时，能有"长风破浪会有时，直挂云帆济沧海"的壮志豪情……将优秀传统文化与实际生活实践结合起来，能让学生在提升自我修养气质的同时，增加对传统经典的认识与体会，最终将中华优秀传统文化发扬开来。

习近平总书记强调："要增强文化自信，在传承中华优秀传统文化基础上发展社会主义先进文化，加快建设社会主义文化强国。"中华优秀传统文化是我们最厚重的软实力，是建设社会主义文化强国的自信之源、坚实根基与丰厚滋养，当代教师应当将中华优秀传统文化同语文教学工作深入融合，在培育青少年成长成才的同时，推动社会主义文化强国的建设与发展，为中华民族伟大复兴贡献自己的力量！

## 二、让朗读成为一种享受

朗读，是一种通过富有艺术感染力的声音把作品的内容准确、鲜明、形象地传达给听众的阅读形式，一直是语文教学中最常用、最普遍、最有效且应用最广泛的一种教学方法。朗读能力是学生形成其他语文能力的基础，对培养学生的阅读语感、陶冶学生的审美情操、全面提高学生

的语文素养有很大的促进作用。新课改背景下的语文教学强调重视朗读的作用。

语文教学离不开朗读，但在现在的语文教学（尤其初中语文教学）中普遍存在忽视朗读的现象。因此本节对新课改形势下语文朗读的教学形式进行了探索并提出了自己的初步见解。

### （一）给学生足够的时间去朗读

一节课45分钟里，学生朗读的时间却不到5分钟，甚至更少。有时朗读练习往往来去匆匆，如雁掠过，且雁过无痕。如预习性的朗读，要求学生通读课文，读准生字新词，但实际上至少有三分之一的学生连课文都未读完一遍，教师就会示意学生停下，马上转入下一个教学环节。事实上，教师应保证学生有充裕的读书时间，可根据年级、学情、教材等特点安排每节课的朗读时间并让学生自我监控。

"书读百遍，其意自现。"朗读是一种能力、一种技巧，需要读者反复训练。除课堂教学注重朗读外，教师可以开展丰富多彩的读书活动，让学生自读、多读，找出文中精髓，也可以让学生评读、学生之间互评。评读不仅能提高朗读的质量，也可为学生以后的朗读提供具有规律性的朗读方法。学生只有具备了初步的朗读能力，才能充分发挥朗读在理解课文内容、发展语言能力、陶冶情操方面的作用。同时，教师还要给学生留有读后评议的时间，通过评议强化朗读的激励功能、诊断功能和调节功能。

### （二）注意朗读目标，任务要明确

朗读不是乱读、滥读。如果朗读前没有要求，朗读中没有指导，朗读后也没有及时评价反馈，那么学生只是被教师驱赶着为读而读，看上去学生读得热闹，却没有用心、用情去读，只是有口无心地"念经"，这样的朗读，效果事倍功半。

有的教师把朗读当作课堂教学中一种简单的过渡。学生朗读前,教师没有给学生布置一定的任务。学生朗读课文时,教师没有认真听,而是忙着板书或思考下一个教学步骤,对于学生的朗读情况自然"心中无数",更谈不上针对刚才的朗读情况给予评价。这只是一种"放羊式"的无所收获的朗读。朗读前,教师应对学生提出一定的要求或目标:在学生初读前,教师可要求学生读准字音、读准句读、读通读顺课文;也可设计几个简单的思考题(如这篇课文写了哪几件事或哪几个人?文章写了哪几个场面?文章的线索或感情基调是什么?如此等等),让学生有目的地去朗读,在朗读中感知课文内容。

对于自学性朗读,教师要让全班学生都读完、读好,切不可匆匆走过场;对于美读,教师不仅应要求学生读准语音、节奏和语调,还应要求学生读出感情、读出语言气势并把握朗读的速度,从而达到声情并茂的效果。这样,学生才能进入语境,体验文章的语言美和情感美;对于分角色朗读,应要求学生读出人物的个性。在初步理解课文的基础上进行表达性朗读,教师要留出足够的时间让学生试读、练读,读出感觉、读出味道、读出情趣,切不可还未准备好就仓促上阵;对于个别朗读,教师还应为其他学生布置任务,让他们边听边思考;对于集体朗读,教师应要求学生读得整齐而有气势。

### (三)让理解为朗读架起桥梁

朗读有助于学生对文章的理解。在朗读中,学生能够体会到文章的内容、神韵、风格,它是考查学生理解程度最简洁的手段。学生对课文文句、情节、结构、情感的理解,都可以通过朗读来加以判断。

在阅读教学中,把朗读与理解截然割裂的现象并不少见。曾听一名教师教授《夹竹桃》一课,仅仅理清了文章的脉络后,教师就要求学生读出感情,还说:"作者将夹竹桃写得这么美,请大家美美地读出来。"

为何要美美地读出来？美又在何方？课后我问学生："美在哪儿？脑中有画面吗？哪些词句写出了夹竹桃的美？"学生茫然不知。所以，朗读要以理解为前提，朗读又可促进学生对文章的感悟与品味，二者相辅相成，必须有机结合。

**（四）朗读的方法灵活多样**

朗读的形式纷繁多样，不一而足，但不同形式的朗读有其各自的功能和适用范围。为能准确指导学生朗读，引发学生朗读的兴趣，激发学生对朗读的感情，促进学生进行朗读训练，教师可以借助丰富多彩的朗读方式，如齐读、单读、一个接一个读、对读、分角色读、赛读、录音朗读、表演朗读等等。

只要我们教师能够正确地认识朗读教学，提高自身的朗读水平，精心地指导学生朗读，科学地进行朗读教学，使师生的朗读具有声情并茂的节奏、和谐婉转的韵律，呈现出作品的声音美、神韵美，就能为语文的教和学奠定牢固的基础。需要注意以下几点。

首先，范读只是"引路"，只能起示范启发的作用。教师不能让学生机械地模仿，因为"一千个读者心中有一千个哈姆雷特"，必须引导学生"入境入情"，因情而自得，按"得"去朗读。一节课中范读不能太多，教师要尽可能多地留些时间让学生自己练读。

其次，慎用齐读。齐读虽有造声势、烘托气氛的作用，但也容易滋生"滥竽充数"和成为唱读的温床。

最后，每种形式朗读的作用在不同的教学环节中又有区别。如将范读与学生试读的顺序互换，它们各自所担负的任务和教师要体现的目的、意图也就不同。因此，教师要精心设计朗读训练的过程，科学合理地选择好每一环节朗读的形式，让它们各尽所能。

低年级学生年龄小、注意力持续时间短，单调的阅读方法只会使其口干舌燥、昏昏欲睡。因此，教师要适当地创设情境，让学生愿读、乐读。如在学生朗读时，教师可播放相应的背景音乐、请学生配画外音，还可以把学生现场朗读的录音进行比赛等。当然"教学有法，但无定法"，在实际的朗读训练中，教师必须根据训练侧重点的不同，对学生提出不同的要求和进行不同层次的训练，灵活运用各种手段，以达到最佳的效果。

中国教育学会小学语文教学专业委员会前理事长崔峦撰文指出："课堂上一定要读书，要充分地读，整段、整篇地读，用各种方式读。没有琅琅读书声的阅读课，没有每个学生充分阅读的阅读课，可以一票否决，因为这样的课不会是高质量的阅读课。"由此可见，阅读课中的朗读指导是非常重要的。因此，只要教师平时高度重视、加强学生朗读的训练，使学生能够在正确流利的基础上读得有板有眼，读得抑扬顿挫，读出真情实感，朗读便会成为一种促进语文学习的享受。

## 三、提高学生语言表达能力

在造就一个"上流人"的教育中有一种训练是必不可少的，那就是优美而文雅的谈吐。

——哈佛大学前校长伊勒特

一次，我在山东省教师远程研修学习中观摩了六名中学语文教师的优质课例，发现值得我学习的地方有很多，例如合理利用教学资源、课堂教学要体现学生的主体地位、注重学生参与学习的过程等等。但是，我在观课过程中发现很多学生不会诉说完整的话，一般三句以上的话就不会说了，能诉说一分钟的学生很少。尤其是在课堂上回答问题时，要么声音普遍太轻，有的甚至根本不愿意开口；要么只是用一两个字、词或短语干巴巴地回答，语句缺乏最起码的完整性；要么答非所问、表达不清，根本谈不上应有的条理性和逻辑性。我反思了自己的课堂教学，发现我的学生也存在这样的问题。

通过这几堂课的观摩，我们发现从目前学生的学习实际情况来看，语文口语交际教学流于形式，真正用于口语交际训练的实践机会很少，学生多是为了应试而学习，即使是写作练习也往往囿于一些高分作文的模板，缺乏主见。除此之外，社会环境中语言污染严重，形成了不良的导向（如网络语言的杂乱无章就给学生带来了许多不良影响）。从家庭因素来分析，一些家长不懂得如何培养孩子的语言表达能力，甚至自己也有许多不良的语言表达习惯，导致孩子的语言表达能力不尽如人意。

在吸收他人的优点、反思自己的教学实际的基础上，对于如何提高学生的语言表达能力我形成了自己的一些观点。

### （一）上好每一节口语交际课，持之以恒地对学生进行说话训练

《全日制义务教育语文课程标准（实验稿）》（以下简称"实验稿课程标准"）在"教学建议"这部分内容中指出："提高学生口语交际能力的主要途径之一是要坚持在教学过程中培养，在教学活动中锻炼学生的口语交际能力。"因此，我们要抓住每一节课的每个教学环节，结合教学内容有计划、有目的、有意识地对学生进行说话训练。教师可以要求低年级学生有条理、连贯地表达自己的思维，高年级学生逐步运用准确、简练且有根据的语言进行表述。通过训练，学生不仅提高了语言表达能力，思维的准确性也有了很大的提高。

### （二）教师要用规范的语言对学生施加良好的影响

教师的言语和行动是一种举足轻重的无形的力量，在教学中，我发现很多学生的语言是"随"老师的。对于语言规范的教师而言，他的学

生表达能力较强，表达也较准确、清晰、简练。若是教师将不规范或不科学的语言带进课堂，那么这些语言会给学生语言能力的发展带来极大的负面影响。因此，教师要做好表率，教师的语言应力求用词准确、简明扼要、条理清楚、前后连贯、逻辑性强。教师要不断提高自身语言素养，通过自身语言的示范作用，对学生逻辑思维能力的初步形成施加良好的影响。

**（三）选择课内外优秀的诗词文章让学生诵读**

学生多朗读课文，能够逐渐习惯于文章的选词用句并将自己的口头语言和书面语言结合起来，从而可以用规范、优美、生动活泼的语言表达自己的思想。课堂上，教师应把读的时间交给学生，让学生多读并读好。要舍得花时间让学生读，学生不读熟教师不开讲；要切准可读处让学生读出感情；要精心选择读的形式和方法，根据读的内容和时机灵活运用齐读、个别读、分角色读、引读等方式，使学生始终处于一种积极兴奋的读书状态。课下，把读的时间留给学生。我除了教给学生如何学习课本上的文章外，还经常给学生推荐大量的课外优秀诗词文章，让学生每天坚持大声朗读并尽量背诵、积累词汇，并将其运用到自己的文章中。学生在读的过程中受到潜移默化的影响，提高了自己的语言表达能力，开阔了视野，陶冶了情操。长此以往，学生在说话（特别是进行课前演讲）时便会遣词造句，做到条理清楚、用词恰当，能够完整表达自己的意思。

此外，教师也可以通过复述课文、续编课文等方法帮助学生深入理解课文，积累语言，培养他们运用语言的能力及口语交际能力。

**（四）语言教学与阅读教学、作文教学有机结合**

语言教学要让学生学会倾听与表达，初步学会用口头语言文明地进行人际沟通和社会交往；能根据需要，用书面语言具体明确、文从字顺地表达自己的见闻、体验和想法。老舍在《关于文学语言问题》一文中指出："要老老实实先把话写清楚了，然后再求生动，要少用修辞，非到不用不可的时候才用。不用任何形容，只是清清楚楚写出来的文章，而且写得好，就是最大的本事、真正的功夫。"写好文章的前提是有一定的口头表达能力，当学生接触了书面语言之后，两者再相互促进、相互影响。

我们在指导学生大量阅读时，应要求学生先以读带说，再读说结合，这样既有利于学生提高口头表达能力，也可使得学生书面作文变难为易，让学生的口语表达和书面作文能力协调发展。培养学生课堂语言表达能力是语文教师的职责所在，作为语文教师，要循序渐进，有重点、有主次、有计划地培养学生的口语表达能力，进而带动学生其他能力的发展，努力为社会培养高质量的复合型人才。

## 四、还语文本身的乐趣于学生

语文新课标对一年级汉语拼音教学做了明确的规定：学会汉语拼音。能读准声母、韵母、声调和整体认读音节。能准确地拼读音节，正确书写声母、韵母和音节。认识大写字母，熟记《汉语拼音字母表》。

拼音是小学语文教师教学的第一关，也是小学教学中最枯燥乏味的内容之一，再加上教学的对象是一年级新生，这就使得本就不吸引人的拼音教学难上加难。如何通过适当的教学方法和教学手段，把枯燥的教学内容变得生动有趣，从而最大限度地激发学生学习兴趣，启发学生思维，是小学语文教师教学的重点。如何圆满解决好这一难题？首先应从了解一年级新生的认知特点入手。

从儿童的心理来看，一年级新生正处于幼儿向儿童的过渡时期。处于这一时期的儿童通常理解能力较差，擅长记忆比较形象、具体的材料。此外，一年级新生的记忆效果与其情绪、认知有着极大的关系，即针对喜欢的内容时记忆效果好，反之则较差。这一特点要求汉语拼音教学要尽可能有趣味性，教师应充分利用儿童的生活经验，运用各种手段激发学生情感，激起学生潜在的学习兴趣，调动其学习积极性，促使他们始终怀着浓郁的感情、强烈的求知欲去主动学习和探究。那么，教师在汉语拼音教学中应怎样去激发学生的学习兴趣呢？结合在汉语拼音教学中的探索与实践，我谈谈自己的体会。

### （一）看一看，利用生动有趣的教具进行直观教学

大部分汉语拼音教材配有精美图画（基本是直接表音或表形），这些图画生动有趣，又多是儿童熟知的事物，易说易记，便于学生从旧知或经验的迁移中潜移默化地接受新知。必要时，教师还可自制颜色鲜艳的图卡以补充课本中现有教具的不足。如教声母 k 时，我自制了一幅"小蝌蚪游戏图"，在指导学生看图的同时让学生带着问题思考："小蝌蚪在什么地方？"学生回答后，我追问："一只小蝌蚪把水草压弯了像什么？"学生回答后，我肯定了学生的回答，"像今天我们学习的声母"g"，然后又来了另一只小蝌蚪，像什么？"学生回答："像'k'。"我指导学生发音时，要求把"g"和"k"的音发得清脆简短，又结合自制图上的游戏，边发音边讲解"g""k"的写法。在轻松和谐的气氛中，学生学得兴致勃勃，拼音教学中的难点被我突破了。此外，我还通过播放录像、演示实物、听音乐、表演等方式，努力创设图画形象、声乐和谐的师生互动的教学佳境，不仅增加了教学的生动性和趣味性，还使学生迅速进入了对新课的学习和探索。

## （二）编一编，设计顺口溜，激发学生兴趣

生动有趣的儿歌或顺口溜对于低年级的学生有着无穷的魅力，能够帮助他们克服拼音学习中的枯燥和单调。教师把一些拼音字母编成通俗易懂的儿歌或顺口溜进行教学，能使枯燥的教学变得生动有趣起来。例如，教师可以将拼音字母编写成顺口溜让孩子们诵读：

张大嘴巴 aaa，好好学习把我夸。
一个圆圈 ooo，小白兔来拔萝卜。
一只白鹅 eee，对我唱着快乐歌。
敲敲小鼓 ddd，b 字转身就是 d。
小鱼跳跳 ttt，f 字倒立就念 t。
一个桥洞 nnn，把 n 倒放 uuu，m 字减肥就是 n。
一根小棍 lll，一个手指也是 l，筷子缩短还念 l。

教师利用这样简单的儿歌或顺口溜，把学生带入相应的情境中进行启发引导，使学生拼音学得规范、用得自然，不仅发掘出学生的创造潜能，还激发学生的学习兴趣。

## （三）动一动，设计游戏，让学生在快乐中学习

儿童的注意力不能长时间保持，因此教师可以设计有趣的游戏来吸引他们，使其广泛地参与到游戏活动中来，轻松主动地学习。例如区分"b、p、d、q"几个声母就是一个学生容易混淆的教学难点，因此我设计了"变魔术"的学习游戏，让学生准备一个半圆环和一根小棒，然后把小圆环随意摆放在小棒的左上方或者左下方、右上方或右下方，分别组成这四个声母，先让学生自己边摆边读，再同桌之间互相考考，反复加以巩固，从而解决了这一难点。我还通过创设情境，让学生在学

习中获得快乐的情感体验。又如教授韵母"ai"时，可以让学生加入一个"大转盘"游戏，教师先找一个学生一起示范，然后学生分小组一起玩，从而加深了学生对新学内容的掌握，调动了学生的学习兴趣。为了让学生在轻松的氛围中巩固知识，教师可依据不同的内容采用不同的游戏，例如摘苹果、找朋友、拍手游戏等等，让学生在动口、动手、动脑中学习新知。

### （四）恰当地运用多媒体教学平台

教学过程中多媒体课件的运用对学生也有很强的吸引力和凝聚力，如在教授字母的四个声调时，我就常利用多媒体播放课件，画面与声音的结合深深地吸引了学生的注意力，而且不同的内容伴随不同的声音，加深了学生对所学内容的记忆。相对于在黑板上的直接板书，运用多媒体课件的教学效果好很多，学生也学得特别起劲，课堂气氛特别活跃。如教授音节"deng"时，我利用课件把"d"和"eng"依次移在投影上，当字母出现时，结合课件边看边讲解；在教授声母和韵母相拼时，注意先发声母的本音，再发韵母的音（声母本音要轻短，韵母读音要重）。在播放过程中，我设计了不同的声音，这一设置深深吸引住学生，教学效果也很好。

### （五）以多样的形式让学生保持学习兴趣，使其在活动中学习

将活动引进课堂，使课堂成为学习的园地、游戏的王国。如金手指、小兔采蘑菇、快乐大转盘、帮生字朋友回家……初入学儿童自制力一般都比较低，教师如果在复习巩固时重复、单调地进行训练，儿童的注意力往往不能持久，因此达不到复习巩固的目的。在进行拼音巩固练习时，教师若采用多样化的练习形式，经常变换练习方式来吸引学生的注意力，往往能达到较好的教学效果。在复习巩固这一教学环节可设计以下练习

形式。

**1."快乐大转盘"**

教师设计一个可以转动的转盘，转盘中间是声母"b"或"p"，周围是带有四声标志的字母"a、o、u、i"，学生可转动指针任意找所要拼读的音节，在拼出音节后，再说一说含有相应音节的词语或一句话，回答正确的学生会获得一颗"小星星"。在以后的教学中，当学生音节掌握得比较多时，教师还可以利用转盘进行组与组之间的竞赛。

**2."商业街"**

教师为学生创设一个商业街的图景，商业街上有许多商店：面包房、糖果店、鞋店、玩具店、体育用品商店、食品店……请一名拼音掌握水平比较高的学生扮演营业员，每个小组选派一名代表去购买商品。只有能够正确读出商品后面的音节，代表才可以买走商品。此练习可以促进学生之间的互动交往，教师应注意学生之间的差异。我们通过学前测试了解到，有的学生在入学前已经掌握了一些汉语拼音的知识，能够拼读一些音节、认识一些字。针对这样的学生，教师要有意识地为他们搭设舞台，请他们当售货员，因为他们能够拼读出所售商品的音节。而购买商品的学生不仅能拼读正确买回商品，还要教本小组里的同学拼读，充当"小老师"的角色。

这两个练习的安排从内容到形式都有一定的难度："快乐大转盘"要求学生选择自己会的音节来拼读；"商业街"活动中有些音节超出了本课的学习范围，但一些学过拼音的学生已经掌握，可以教给其他同学。这样的教学设计既注意到学生之间的差异，又使不同层次的学生得到发展，同时也激励其他学生去自觉主动地学习。

实践证明，教学中多种练习方法的运用充分调动了学生的学习积极性，让他们感受到了学习的快乐。学生只要喜欢学拼音，就会对语文课有浓厚的兴趣。

### （六）把课外作业作为课堂教学的延伸，将"趣"进行到底

在教学实践中，我以课堂教学中学到的语文知识为基础，设计出形式多样、新颖有趣且符合学生心理特点的课堂作业。低年级学生好奇心强，因此，我在学生学完拼音后指导学生做拼音卡片，这样他们既熟悉了拼音字母的书写，又培养了动手能力，同时也为后面的拼音学习做好了学具准备；一年级学生形象思维比较活跃，虽然课本中的插图较多，但学生要把自己的观察转化为内在的知识还是有困难的。在学完儿歌《有礼貌》《在一起》之后，我都让学生画一画，在画中加深理解，同时也可以培养学生的动手能力。在课下，我还布置学生在作业本上用音节标注上自己的姓名，并让他们轮流发本子，同时还布置他们给家里的物件贴上标签，使学到的知识得到灵活运用。为了进一步引导学生使用拼音，我及时引导学生阅读拼音读物，用拼音给好朋友写信（信中可以是自己生活中有趣的事）；还可用拼音"抄写"课程表、给爸爸妈妈写留言条等。总之，在作业中感受乐趣，既丰富了学生的课外生活，学生又复习巩固了课堂中学到的知识，使他们愿学、勤学、会学。

在发展性课堂教学中，教师、教材、学生是一个有机的自主、合作、探究的整体，我们只有变革陈旧的教学方式，在教学中运用发展的、联系的观点，让汉语拼音教学真正做到趣味化、生活化，才能使教学内容与学生的学习贴得更近，才能使学生主动去学习汉语拼音并能用它来帮助识字、学习普通话，才能使汉语拼音教学真正为整个语文教学奠基铺路。

# 第二章

## 追求卓越的教学研究

新一轮基础教育课程改革明确要求让学生学会学习、学会生存、学会做人，提倡"以人为本"，培养学生的创新意识和知识的实际运用能力。教学正逐步由传统的侧重教师的"教"向侧重学生的"学"转变，学生将成为学习的主人，教师是学生学习的组织者、促进者和辅助者。因此，探求新的课堂教学模式迫在眉睫。"师生互动式"课堂教学模式充分体现了现代教育理念，打破了传统的教学模式，转变了教学观念，从教师单一的"一言堂"向"师生共同探讨"模式转化，尊重学生的个性发展，激活学生的主体意识，通过实践、参与、合作与交流的学习方式，发现、发展学生的潜能，帮助学生树立自信心，促进学生积极主动地发展。

我以"课堂教学中师生活动方式的研究"为主题，带领教师们开启了十多年的课堂教学研究之旅。

## 第一节　从学习共同体的互动研究起步

在新课程中，以师生互教互学的形式，形成一个真正的"学习共同体"；创设师生共同发展互动教学关系，构建和谐、民主、平等的师生关系。教学过程也将是师生共同开发课程、丰富课程的过程，课程变成一种动态的、发展的存在，教学真正成为师生富有个性的创造过程。

教师与学生都是教学过程的主体，在教学过程中，强调师生间、学生间的动态信息（这种信息包括知识、情感、态度、需要、兴趣、价值观等）交流，通过这种广泛的信息交流实现师生互动，使学习过程更多成为学生发现问题、提出问题、解决问题的过程。

课堂教学应成为师生共同参与、相互作用、创造性实现教学目标的过程。学生之间的互动学习、师生之间的双向互动相结合，产生"共振"效应，真正丰富课堂，形成合力，促进学生主动发展，提高课堂教学效率。

## 一、核心概念的界定

《基础教育课程改革纲要（试行）》（以下简称《纲要》）明确指出："改变课程实施过于强调接受学习、死记硬背、机械训练的现状，倡导学生主动参与、勇于探究、勤于动手，培养学生搜集和处理信息的能力、获取新知识的能力、分析和解决问题的能力以及交流与合作的能力。"在课程改革计划转化为实践的过程中，实施"师生活动的研究与探索"至关重要，它是新课程实施的重要组成部分，是把课程改革落到实处并达到预期效果的重要途径。

按照现代教育理论的观点：第一，教学是一种双边活动，既包括教师的教，又包括学生的学，是教与学相互作用的一种活动，因此，教学中师生活动构成课堂结构；第二，教学不仅是教书，更重要的是育人，教学的任务是立体化的，既要教知识、训练技能，又要发展学生的智力、能力，还要培养学生的道德。因此，教学就是教与学共同的活动，就是学生在教师有目的、有计划的指导下，积极主动地学习，掌握系统的文化知识和技能，发展智力、能力，增强体力，逐步形成科学的世界观和优良的道德品质。

师生活动是师生双方以自己的固定经验来了解对象的一种相互交流与沟通的方式，分为教师与学生个体之间的活动和教师与学生群体之间的活动。生生活动可分为学生个体之间的活动、学生群体之间的活动和学生个体与群体之间的活动。本课题重点探究课堂教学中"师生互动""生生合作"的方式及其有效性。

课堂师生有效活动是指在教师和学生之间进行的可以激发学生学习

兴趣、让学生积极主动地学习并在其中获得丰富而有质量的学习经验的教学交流活动。

新课程理念关注每一名学生的发展，这是新课程改革的主题，昭示着新课程呼唤"以人为本，以学生为本"。为了实现这一教学目标，教师需要建立一种师生关系融洽、教学内容开放、教学形式多样、课堂气氛活泼的教学环境，而建立这种教学环境的关键在于师生应开展有效的活动。

课堂教学是师生相互交往、共同发展的活动。课堂活动以人为本，是在教育思想和合作探究理论指导下构建的一种能使师生共同参与的教学模式，它不仅可以体现全新的教学理念，还将极大地调动教与学两方面的积极性。在师生互动教学中，学生的潜能和创新思维将得到充分的施展，学生的品位、意志和行为也将有很大的提高。

目前对于课堂师生活动教学模式的研究，国外起步较早，国内起步相对较晚。国内对于该命题的研究主要是近几年的事，研究成果大都是对国外教学模式的介绍和验证，部分是教学经验的总结和升华，其理论基础往往不够明确和完善。结合国外较成功的教学经验及新课程要求，在课堂教学中注重师生活动方式的艺术性的研究势在必行。

国内的课堂教学中，师生活动的形式较单调，师生之间活动较多，生生之间活动较少。事实上，许多国外专家把生生活动当作教学中尚待进一步开发的宝贵的人力资源，他们认为生生活动是教学成功不可缺少的重要因素。合作学习的代表人物、美国社会心理学家约翰逊精辟地指出："实际上，教师的一切课堂行为，都是发生在学生同伴群体关系的环境之中的。在课堂上，学生之间的关系比任何其他因素对学生学习成绩、品质发展的影响都更强有力。"

## 二、研究价值与目标

传统的课堂教学曾被简单地概述为"教师教、学生学的活动",大多以教师的讲授为主,强调以教师为中心,学生只是被动地学习,没能真正地成为学习的主体并参与到学习中去,存在学生普遍有厌学情绪(且随年级段的递增而愈加严重)、师生关系紧张、学生不能积极参与课堂学习、不能主动回答课堂问题,学生调研考试成绩差,考试及格率和优秀率随年级段的递增明显下降等诸多学情。新课程改革的主旋律是培养学生的创新精神和实践能力,即:①一切着眼于培养学生创新素质;②营造一种民主、和谐、自由、发展的教学环境。新课程提倡自主、合作、探究的学习方式(主要包括自主学习、小组合作学习、探究学习),倡导师生交往、共同发展的教学活动。这一课题的研究将促使我校教师重视课程标准、深层次探索实践新课程思想,有助于新型师生关系的形成。

传统的课堂教学是教师的教与学生的学的简单拼合,忽视学生活生生的经验和体验。新课程则强调教学是教师与学生的交往,师生双方相互交流、相互沟通、相互启发、相互补充,在这个过程中教师与学生分享彼此的思考、经验和知识,交流彼此的情感、体验与观念,丰富教学内容,求得新的发现,从而达成共识、共享、共进,实现教学相长和共同发展。新课程实施后,课堂上不再是教师讲、学生听,而是教师在课堂上提出学生生活中的事例,让学生用自己的观点去解释,使得课堂上的争论空前激烈,由"一言堂"转变成师生交往、积极互动、共同发展。

学习共同体互动的研究价值在于:①在理论上它是新课改理念的可行性研究,以新的知识构建理论为基础,寻找发挥学生学习的主体作用与发挥教师教学的指导作用相协调的师生活动方式;②在实践中,它是对教改的落实,是新课程要求的落实方式研究,是具体的可行性操作研究；③可以基于其具体的实效性而直接指导课堂教学，推动新课改要求的落实；④可以为课堂教学提供许多可供选择的师生活动方式并对其加以论证，从而推动学校教改实践，提高课堂教学的实效性。

学习共同体互动的研究目标：本课题立足于对现有课堂的观察与反思，旨在研究如何实现课堂师生活动，为建构新型课堂提供一种指引，探索一种有效、实用的新型课堂师生活动方式。通过对本课题的实践与探索，不断去实践课堂活动的理念，主动构建有关知识体系，提高解决实际问题的能力和创新能力。

学习共同体互动的研究内容主要有四方面：①教学中师生活动方式的设计研究，即教师运用怎样的方式才能有效处理好传授知识与培养能力的关系，运用何种方式培养学生的独立性和自主性，引导学生质疑、调查、发现、探究；②教学中师生活动语言设计的研究，课堂上提问、应答、对话等师生语言活动方式的设计可以使学生的学习达到最优化；③活动组织形式的研究，活动组织形式的研究贯穿于对整堂课各个环节的研究中，教师运用怎样的活动形式使导入、文本呈现、思维高潮的出现最为有效是本部分重点研究的内容；④师生活动对学生非智力因素培养的研究，即教师采取怎样的活动形式能够有效地发挥学生的主体作用，激发学生学习的动机，培养学生学习的兴趣，促进学生其他非智力因素的发展。

为此，我们将在对相关历史进行梳理和总结借鉴国内外相关研究经验、研究成果的基础上，通过校本培训、校本教科研，从教学设计、课堂教学的实际问题切入，遵循教学设计与课堂教学的规律，采用课前设计（预设性教学设计）、课中设计（生成性教学设计）、课后设计（反思性教学设计）等研究方式，探索新课改理念下有利于学生开展自主、合作、探究学习的教学设计的理论、路径、方法和策略，旨在构建新课程背景下有效的课堂教学模式。在具体操作中：①采取先培训后研究的策略，通过专家引领、校本培训，使教师掌握教育科研的相关理论和操作的方式方法，提高教师的科研能力，同时形成对学生自主、合作、探究的学习方式的理性认识，基本把握现代教学设计的理论体系，在校本教科研中利用调查法分析研究目前教学实践中学生学习方式、教师教学设计中出现的新问题，采用数据统计等研究方法形成调查报告；②构建课题研究模式；③采用边研究、边实践、边总结、边推广的研究方式，使课题研究滚动发展；④启动课题研究运行机制，建立规范的课题研究过程，建立三级课题研究记录和课题研究管理档案；⑤及时进行课题中期结题，总结经验，调整研究方向；⑥按时进行最终结题培训，及时做出工作报告、研究报告等四个报告。

### 三、实践中的教学收获

为了构建新理念下课堂教学中的师生活动方式，实现教学相长和共同发展，引导学生进行"自主、探究、合作"学习，在前期探究实验的基础上，学校课题组初步确立了以下师生活动方式的教学策略。

#### （一）创设情境，教师导动

情境创设是指在教学活动中创设一种情感和认知相互促进的教学环境，其目的在于营造一个宽松、和谐的，有利于学生施展才华、发展个性的"学习场"。情境创设策略可采取生活情境展现、实物演示、图画再现、音乐演奏、语言描述等方法，把学习者带入独具特色的问题情境，使其成为情境中的特定角色，如闻其声、如见其人、如临其境。情境创设的途径与方法要根据相应年级的特征、科目特色以及课程内容的特点来确定。教师应把握每一种情境创设的途径与方法，以达到渲染课堂气氛、活跃学生思维、提高学生学习兴趣、融入学习内容的教学目的。例如某教师教学人教版语文七年级下册《安塞腰鼓》一课的教学案例就比较好地体现了这一过程。

教师：同学们，你们喜欢打腰鼓吗？

学生：喜欢。

教师：那么，我们先来看一个短片吧！

（伴随着粗犷的音乐声和计算机多媒体画面演示，黄土高原上的安塞腰鼓声由远及近地传来。）

教师：安塞腰鼓是一种什么样的乐曲？它有怎样的震撼力？

（多媒体展示，提出要求：①再仔细读课文，找出有关句子；②组内讨论，整理归纳；③小组代表发言，组间交流。）

该案例就充分利用先进的教学媒体创设了一种音像情境及问题情境，并交代了学习方法。教师的导入显得亲切、自然、顺理成章，成功地把学生带到了一种愉快的情境中去学习。

又如某地理教师在讲解"日""地""月"三者关系以及各自的自转、公转时，利用"三球仪"进行模拟演示；在教学"地质构造与构造地貌"时，出示有关地质构造的模型，并播放"背斜成山、向斜成谷"等形成过程示意图，引导学生从感性认识开始，通过形象思维达到理性认识。教师采用多样化的直观手段，帮助学生理解了复杂的地理原理和规律，促进了师生的认知与互动。

## （二）自主合作，师生互动

自主学习是学生的一种品质，是学生有计划的、主动的、灵活的、有效的学习方式；合作学习是指学生在小组或团队中为了完成共同的任务，有明确责任分工的互助性的学习，小组讨论就是其中的一种形式。因此，在新领域探索师生互动学习，要营造民主和谐的课堂气氛，让师生在平等、和谐、充满生命活力的教学过程中，激发学生主动实践、团结协作、乐于探究的愿望和潜能。在此基础上，教师根据所创设的问题情境来推动对新知识的探索，让学生在尝试自主学习的基础上收集、整理、归纳所获得的信息，再进行组内合作交流、研究讨论，进一步对所探索的内容进行梳理、总结，将其学习的过程、方法、结论通过各学习小组的中心发言人进行汇报。小组交流、组间互评、教师点评后，教师进行全面升华和高度概括，形成结论，以此来形成学生通过"自主、合作、探究"的学习方法获得知识、培养能力、情感体验的动态过程。在师生互动的过程中，教师要深入小组中给予指导，针对深层次的问题、不同的学习方法给予学生激励和肯定，以此增强学生探究的信心，形成一种具有实际意义的师生互动、生生互动的动态交往过程，使学生在探索实践中体验成功的喜悦。

我校教师在设计人教版思想品德课《消费者权益保护法》时呈现出了以下教学过程：某顾客从一商店中购买了一台燃气热水器，该公司人员登门进行免费安装。第二天晚上，在使用热水器进行洗浴时，由于该热水器没有按设计要求在20分钟后自动熄火，且室内通风较差，有害气体无法及时排出室外，造成热水器使用者夫妻二人窒息死亡。悲剧发生后，这两位死者的法定代理人将热水器生产厂家和销售商家一并告上了法庭，请求法院判决两名被告赔偿经济损失。

问：该案例中消费者的权益受到了哪些侵害？消费者应如何保护自己的合法权益？（方法：①教师巡视、指导；②组内合作交流、讨论、汇报；③师生共同归纳整理。）通过该案例，教师让学生进行"自主、探究、合作"学习，让学生自己发现问题、解决问题，并运用不同的方法创造性地学习，教师适时用激励性的语言恰当地进行评价，使学生在探索实践中体验成功的喜悦。

## （三）巩固反馈，生生自动

巩固反馈教学环节是针对学生的基础知识、基本技能掌握情况进行测验，使其达到知识系统化、技能熟练化、情感体验化，并且互动课堂教学模式的信息要及时反馈，以利于教师及时了解学生的学习水平和学习兴趣并及时调整教与学的关系，其方法可以是让学生独立完成书中的练习题、总结归纳相关法则、形成技能性的题目、编排表演课本剧等，教师对这些情况及时地收集并归类处理，对个别问题进行个别辅导，把具有普遍性的问题反馈给学生，让学生进行自我反思、自我评价，教师给予点拨、辨析，以此来深化学习方法，巩固学习效果，提升课堂教学质量。如英语课堂教学中的朗读训练可以采用教师领读、小组朗读、男女生朗读、学生自读、学生示范性朗读等形式。

如讲解"地中海气候"一课时，教师可演示有关地中海气候分布地区及气候成因的幻灯片，提出如下问题让学生思考：①地中海地区的纬度位置如何？海陆位置关系怎样？本地区气候的特征、成因是什么？②从世界上这种气候类型的分布地区来看，它有何分布规律？这种气候区的植被有什么特点及原因？③我国东部地区的长江流域一带与地中海地区纬度大致相当，可为什么气候类型、气候特征不同？问题要注意面向全体学生，鼓励人人参与，教师可请学生从不同层次、不同角度、不同结构求思求辨解答，其他学生提出补充和修改意见。对难度较大的问题，教师可采用讨论法、谈话法等方式，通过一系列的师生互问、生生互问，让学生在质疑、交流、辩论的过程中主动获取知识。教师也可根据学生回答的情况进行适当的补充说明和启发，最后由教师或学生归纳总结，加强师生之间的信息交流。

## （四）实践应用，小组协动

学生通过发现问题、解决问题、积极探索、掌握知识并形成技能，感受到成功的乐趣。教师让学生在情感延伸中巩固和应用所掌握的知识，最终达到创造性学习的目的。在讲授八年级思想品德课"神七回家"时，学生通过教学已经了解了我国载人航天技术等方面的知识。接着，教师让学生来回答"神七回家"说明了什么问题。学生开展小组合作讨论，组间协作、相互争辩、评价，教师给予引导、提示。这样，学生就进一步加深了对"科学技术是第一生产力"的理解，为我国综合国力的迅速提升而感到自豪，爱国情感油然而生。教师的教学不但巩固了学生所学知识，同时也激发了学生的学习兴趣，更重要的是实现了思想政治课德育教育的目的，让学生在乐中会学、在乐中创造性地学。

### （五）互动必须参与，参与才能互动

例如教师在讲授"地壳物质的组成与循环"一课时，先介绍地质专家"最近开始关心并研究陨石和宇宙尘"，进而过渡到"岩石也有新陈代谢吗"并配之以多媒体展示美丽的地球演化情境。讲地壳却由天文导入，而且是前沿信息，并由此提出了一个足以吊起学生"胃口"的问题。这样安排，营造了一种充满神秘感的问题情境，触发了学生探究问题的兴奋点，一下子就将学生探究地壳物质循环的兴趣充分地调动起来。通过开展小组合作讨论，学生进行组间协作、相互争论，师生很快进入愉悦的互动状态，从而调动学生的学习积极性和学习兴趣，使他们巩固所学知识。

通过前期的课题实验和探究，广大教师实现了自身角色和教学行为的转变，以启发式教学为主，注重培养学生的创新精神和实践能力，激发了学生进行自主、合作、探究学习的兴趣和学习意识，学生学习的积极性普遍得到了提高，师生活动率由 49% 提高到了 96% 以上，学生的学习效果和课堂教学质量均有大幅提升。

## 第二节 形成共同体学习范式

课堂教学是学校教育最重要和最基本的活动形式，学生学得知识和能力的获得、品德的形成和发展主要是在教学过程中实现的。课堂教学不但是学生的认知过程，更是学生的生命活动过程，是师生人生中一段重要的生命经历。对于学生而言，课堂教学是其学校生活最基本的构成部分，它的质量直接影响学生当前和以后素质的形成和发展；对于教师而言，课堂教学是其职业生命最基本的构成部分，它的质量直接反映教师对自身职业的态度和专业发展水平，亦是教师的生命价值在职业上最直接的体现。本课题组认为，加强课堂教学中师生活动方式的研究，实现师生活动及其有效性的提高，是提高课堂教学质量乃至素质教育质量的关键。

### 一、建立新课程教学理念

#### （一）新课程体现了主体性理念

新课程教学理念要求教育过程要从传统的以教师为中心转变为以学生为中心、以活动为中心、以实践为中心，倡导自主教育、快乐教育，培养学生的学习兴趣和习惯，使学生积极主动地学习和发展，让课堂成为学生快乐学习的地方，让学生在参与中学习、在主动探索中学习，引导学生在学会学习中学习、在目标指引下有目的地学习。

#### （二）新课程理念使教师成为学生学习的合作者、引导者和参与者

新课程理念使得教学过程逐渐转化为师生互动、共同发展的过程，教师由"居高临下的权威"转变为"平等中的首席"。在新课程理念下，

传统教学模式将被取代，教学过程不再是教师忠实地执行课程计划，而是师生共同开发课程、丰富课程。课程变成一种动态的、发展的、富有个性的创造过程。师生在愉快、和谐的氛围中互相学习、互相促进。

**（三）新课程体现了以人为本的教育思想**

现代教育强调以人为本，把重视人、理解人、尊重人、爱护人、提升和发展人的精神贯注于教育教学的全过程。因此，教师需根据教学内容的不同、教学对象的差异，采用灵活多样的方法。比如在讲"多样的地域文化"一节时，教师就可以采用接力比赛的竞赛方式，调动全班学生的积极性，培养他们的竞争、合作、参与意识；对于艺术和体育这部分内容，教师可以采用个人才艺亮相的方式，让学生的个性得到张扬。学生思维相互碰撞，在合作中求得了共同发展。

**（四）新课程理念提倡情感教学**

新课程理念提倡情感教学，提倡关注每一名学生，关注学生的情感生活和情感体验。如在讲述"亚洲的气候"一课时，教师可以将当天的天气作为话题进行教学内容导入，从学生的感知入手，使枯燥的知识变得鲜活起来。对于"亚洲人口"一课的讲述，教师在课堂上请学生交流课前搜集的材料并分组讨论对于亚洲人口发展的建议，使学生体验解决亚洲人口问题的紧迫性，增强学生的责任感，同时激发学生的学习兴趣，培养学生的语言表达能力。在教学过程中，教师应指导学生开展研究性学习、探究性学习，为此开展丰富多彩的教学活动，注重学生合作、探究、实践能力的培养，让他们进行自主学习、发现学习。

## 二、创新确立课堂活动方式

### （一）自主学习活动的策略

**1. 激趣**

学生由表及里的认识过程需要有强大的内驱力作支撑、强大的毅力作保证。学生缺乏浓厚的兴趣，其认识活动就难以进行。因此，激发学生的学习兴趣是诱导学生展开学习活动并将其进行到底的首要策略。

**2. 引路**

从认知事物的表象到其本质的过程中有一条必经之路，这就是认识的过程或路径。怎样才能正确引导学生走上自主学习之路？在学生由表及里的"长途跋涉"中，教师要充分发挥其对于学生学习活动的主导作用，引导学生思维之路和探究之路，循着认识规律将学生的学习推向深入。

### （二）教师导学活动的策略

为了有效保证学生深刻领会和由浅入深地把握认知规律，掌握由浅入深的学习方法，学会正确应用此规律指导自身的学习活动，提高学习能力，教师在课堂教学中必须采取下列指导策略。

**1. 铺设阶梯，分层推进**

铺设阶梯就是教师将知识和技能按由高到低、由易到难的认知规律分解成若干个小问题，增设部分过渡或铺垫性质的小台阶，让学生顺着台阶不断向着目标攀登，引导学生注意解决小问题并将其各个击破，减缓学习的坡度，缩小学习的跨度，降低学习的难度，加快学习的速度，师生之间的活动自然顺畅，从而达到由浅入深的目的。分层推进一方面是指教学内容由浅入深、由易到难、由简到繁的分层推进，另一方面是指把学生按能力进行区别，搞好分层提问，分层设计作业，分类指导、分类评价，这样师生活动、生生活动就能达到分层推进的效果。

### 2. 难易适度，快慢适宜

没有量的积累就没有质的变化。但量的积累必须控制在一定的限度之内，超过了一定的限度则"过犹不及"；另一方面，量变达不到一定的程度，也不会引起质变，事物就不会向前发展。我们在进行课堂练习时需遵循"量变"与"质变"的规律，活动的开展应坚持适度原则。

### 3. 生动活泼，深入浅出

课堂教学效果与教师的教学活动有着直接的联系，教师依据学生的认知规律建立和形成具有鲜明个性特征的课堂教学活动是指导学生深入浅出地开展课堂学习的有效策略。教师构建学生喜欢的课堂—要生动活泼，二要深入浅出。在教学工作中，教师要努力创设宽松、民主、和谐的教学氛围，让学生在没有戒备心理和等级差别的状态下自由地开展学习活动。教师的教授要通俗易懂、简单明了，提高课堂教学的趣味和情调，增强教学的感染力，坚持摒弃"灌输式"教学而采用"启发式"教学，积极引导学生深入思考。

## （三）课堂优化训练的活动策略

### 1. 精讲精练

只有精讲，才能突出重点；只有精讲，才能保证质量；只有精讲，才能有较大的课堂控制能力；只有精讲，才能让学生在自读、自练、自评的一系列活动中自我探究、自我尝试、自我获取。

### 2. 梯度分明

训练是横贯课堂教学始终的一项活动，诊断训练、形成训练、达成训练是整个课堂训练的三个"结"，只有合理设计这三种训练才能使课堂呈现出三种教学梯度，形成课堂教学的节奏感。诊断训练的功能是摸底，具有过渡性，要求难度小、层次低、坡度缓、数量小、跨度小；形成训练要分项完成，要呈现出形成训练内部的层次性和连贯性，其训练的难度、层次、坡度、数量和跨度都要有所增加和提高；达成训练是对课堂知识进行巩固的阶段，在广度上必须涵盖课堂教学的所有目标，在深度上必须有所挖掘和拓展，在形式上必须灵活多样，总之，达成训练更具有概括性、典型性和综合性。

3. 突出重点

在训练活动中，教师要严格以学生学习目标为导向，依据教学目标，围绕学生学习的重点和难点设定训练重点，明确训练的重点内容、形式、对象和手段，实现对教学难题的解决、对教学重点的突破。

## 三、创新确立"情感共振、互动学习"教学模式

为了构建新理念下课堂教学中师生活动的方式，实现教学相长和师生共同发展，引导学生进行"自主、探究、合作"学习，学校课题组在探究实验的基础上创新确立了"情感共振、互动学习"的课堂教学模式，这一教学模式适用于各学科的授课。其基本流程为"创设情境，教师导动→自主合作，师生互动→巩固反馈，生生自动→实践应用，小组协动"。

## 四、建构部分学科课堂教学模式

在遵循"情感共振、互动学习"教学模式的基础上，我们确立了以下学科几种课型的教学方式，分别是语文阅读课"说、写结合"的教学方式、数学课解决问题策略探究的教学方式、英语课单词多样化的教学方式、思想品德课以"自育"创设情境的教学方式、体育课特色渗透教学方式等。

表1　语文阅读课"说、写结合"的教学方式

| 教学环节 | | 诠释 |
|---|---|---|
| 整体学文 | | 引导学生通过对课文的初读、再读，整体理解文章所要表达的思想情感，文章所描写的事物在学生头脑中形成鲜活的形象。 |
| 找准练点 | 课堂练说（侧重低年级） | 抓住"训练点"，训练学生能清晰大声地说一句或一段通顺、连贯的话，注意学生表达的完整性和情感性。 |
| | 随文练笔（侧重中高年级） | 围绕随文练笔训练的目的与要求，抓住"训练点"，让学生进行课堂练笔。以说带写，即让学生口述后整理出练笔片段。 |
| 交流互动 | | 生生交流、师生交流，形式多样地鼓励学生，兼顾全体学生，激起他们对学习的兴趣，培养学生自信、乐观、积极的学习心态。 |
| 点评欣赏 | | 在学生表达的过程中，教师及时与之交流、对其进行评价；学生练笔结束后，师生当堂交流、讲评，欣赏优点、修改不足。由教师评价和反馈逐步引导学生相互评价、自我评价，使其养成自我检查、自我修改的好习惯。 |

表2　数学课解决问题策略探究的教学方式

| 教学环节 | 学生的学 | 教师的教 |
|---|---|---|
| 创设情境 | 在情境中了解本课的学习任务，产生学习兴趣和探究的欲望。 | 结合教材内容和学生特点创设情境，激发学生的学习兴趣。 |
| 自主、合作探究 | 学生用自主、合作的方式整理归纳知识点，形成系统的知识。 | 巡视、了解学生的学习情况并及时给予引导。 |
| 汇报交流 | 积极主动地交流所思考的问题，激起学习交流的欲望。 | 通过设置交流讨论等活动，引导学生归纳整理知识点。 |

续表

| 教学环节 | 学生的学 | 教师的教 |
|---|---|---|
| 比较反思 | 在比较中反思,在反思中明白解决问题的最佳策略。 | 引导学生养成质疑的习惯和探索的欲望。 |
| 运用拓展 | 综合运用所学知识,既加强基础知识的学习,又拓展提高运用知识的能力。 | 教会学生解决问题的方法。 |

表3 英语课单词多样化的教学方式

| 教学环节 | 导入和新授 | 巩固和复习 |
|---|---|---|
| 教学方式 | 图片导入法 | 联想记忆法 |
| | 简笔新授法 | 看嘴型说单词 |
| | 感官引入法 | 归类 |
| | 歌曲带入法 | 扩词、扩句法 |
| | 身体语言与动作记忆 | 卡片总结 |
| | 情景设置法 | "chant"巩固法 |
| | 直观呈现法 | 听说法 |
| | 释义法 | 高低音巩固法 |
| | 表演呈现法 | — |

## 五、形成"自主互动合作探究"的课堂教学模式

随着"课堂教学中师生活动方式的研究"这一课题研究的深入展开,我校在课堂教学模式创新、理论研究和实践探索方面取得了一定的成绩。经过长期的实践和集中研讨,学校逐步形成了"自主互动合作探究"的

课堂教学模式，科学地定位教与学的关系，极大地挖掘出教师与学生的潜能，实现了课堂效益的最大化。

### （一）"自主互动合作探究"的课堂教学模式结构及操作程序

当前的课堂教学应充分发挥学生的主体地位，让每一名学生都能充分地"动"起来，去自主探索新知、发现问题，互助合作解决问题。在此基础上，教师针对学生在自主、互助学习中尚未解决的问题，给予适时、必要的引导、点拨并辅以高质量的达标题进行最后的巩固，以实现课堂教学时间的高效运用，提高课堂教学的质量和效益。鉴于此，我们总结出了我校复习课和练习课课堂教学的基本模式，即"自主互动合作探究"的课堂教学模式。其基本环节为"明确定向，指导学法→自主研学，巡视指导→合作交流，点拨深化→拓展应用，高效达标"。

#### 1. 明确定向，指导学法

学习重点的设计要明确、具体，可操作性强。教师要注意通过创设情境激发学生的积极性，使学生乐学、好学。一般有三种方式：①灵活的课前教学组织；②精巧的导入；③直入正题，简洁明快。教师同时要指导学生掌握正确的自学方法、读书方法，指导要具体明确，各学科可以有不同的方法，要具体情况具体分析，什么方法好，符合学生实际、学科实际，就采用什么方法。

#### 2. 自主研学，巡视指导

学生围绕学习目标开展自主研学，带着问题自省自悟。自研分三步：①课前预习。教师根据课时及学习重点制定预习提纲，将自研内容整理到预习提纲中或预习本上，为下一步上课时研习做准备；②课上自研。教师要把自研的过程变成发现问题、提出问题、思考问题、初步解决问题的过程，在巡视指导中要特别注意关注每一名学生的自学状况，对学生自学中出现的问题要及时引导、纠正；③自学后可采用教师提问、听写、学生相互提问、做检测题等形式检测学生自学的效果，检测的内容必须紧紧围绕自学的目标出题，教师应注意跨度不要太大、难度不要太高，学生掌握知识和运用好自学方法解决问题就行。

### 3. 研讨交流，点拨深化

在课堂自研的基础上，学生仍然有许多难以自己解决的问题，因此问题的解决要注意生生合作和师生合作有机结合。首先，小组合作学习即鼓励学生在小组内高效合作学习，充分发挥"生生互助"的作用，互相探讨发现的问题，在小组内统一认识，加深对知识的理解。其次，成果展示的合作学习形式可灵活多样，可根据具体内容采取口头展示、文本展示、操作展示等形式，通过展示实现由个体学习资源向公众学习资源的转型。教师要善于利用学习资源转型效应激发学生主动投入，提高学习效益。成果展示的过程是师生、生生共同突破重点、解决疑难、深入探讨的过程，是启迪学生思维、培养学生合作精神和创新意识的重要环节。教师必须做到"三要三不要"：要保护学生的学习热情，鼓励学生大胆创新，不拘泥于本本，不局限于教师的思维；不要轻易否定，打击学生的学习积极性。要明确答案，不能当堂解决的问题也要明确告知学生；不要当"好好老师"，问题不能模棱两可，不可出现"横看成岭侧成峰，老师学生模糊中"的现象。要加强生生、师生实质性的交流，深入研究问题，提高教学效率；不要浮于表面，搞形式主义。

### 4. 拓展应用，高效达标

拓展是对教材进行学习的补充和延伸，对教材进行拓展能促进学生更好地理解教材，加深学生对教材的理解。我们可以根据教学内容的类型、教学的需要和学生对知识的掌握情况，有意识地把握好时机和策略，适时、适当拓展，将知识和技能应用于实践以解决实际问题。拓展结束后，进入总结检测环节。此环节是学生对于整节课的反思、回顾与检验总结阶段，可让学生结合本节课的学习目标，反思自己在课堂学习中的表现，生成知识、能力，弥补自己学习中存在的缺憾，对出现的题目进行整理等。学生可采取不同形式总结学习收获，将所学内容纳入自己的知识体系。教师下发达标检测题，达标题的设计一定要有较强的针对性，难易适中，能体现出学生对本节课所学内容的掌握情况。题目设计要有层次、有梯度，最好能检验出不同水平学生对知识的掌握情况，便于教师进一步指导。达标检测内容要紧扣学习目标，要和学生的学习实际相结合，反馈要及时。

## 六、实现了课程育人的创新

通过课题研究，我们欣喜地看到，教师的教学行为和学生的学习行为有了明显的改变，广大教师的课堂教学水平和教学技能得到提升，学校的教育教学质量有了较大提高，整所学校呈现出前所未有的勃勃生机。

### （一）学生在学习中进步

**1. 学习兴趣浓厚**

我们努力构建有效的课堂教学或创设真实的生活情境，激活学生的生活经验；创设有趣的故事情境，用故事激发学生的学习兴趣；创设有价值的问题情境，以问题引发学生进行思考；创设有吸引力的悬念情境，吸引学生主动参与课堂学习；创设生动的多媒体情境，用多媒体辅助学生学习。在这样的课堂教学中，学生的学习积极性有了很大的提高。

**2. 学习方式多样**

在研究的过程中，教师教学方式发生了改变，而与之相对应的是学生的学习方式也发生了很大的改变。以学生完成练习的方式为例，学生练习由原来的侧重课外练习向侧重课内练习转变，全体学生在教师对课堂教学的有效控制下在课堂内高效练习，完成主要的学习任务。在教师的指导下，学生在课堂内逐步形成"自学，合作，交流"的学习方式。

学生对问题的探究从个体思考过渡到利用小组集体智慧加以解决，最后全班交流，这充分体现了学生的主体地位，调动了学生的积极性，培养了学生与他人交流的能力。学生在研讨中体会运用知识来解决问题的乐趣，感受所学知识之间丰富的联系，有助于培养学生良好的思维品质。

### （二）教师在研究中发展

通过对现有课题的研究，我校广大教师在教育教学上积极参与教育科研实践，自觉学习理论，更新教育观念，以科研带教研、以教研促教改，大大提高了自身的素质。

#### 1. 凝聚力日益增强

随着课题研究的深入，有些教师原本有些迷茫的心渐渐明朗起来，他们会为一个教学中的问题进行讨论，乃至召集自己学科的教师共同研讨。教师们常常为了上好一堂研究课而坐在一起探讨，对教学中每个环节的设计乃至每一句话、每一个动作或手势都进行琢磨。集体智慧赢得了可喜的成绩，许多教师在省、市、区优质课比赛中取得了好成绩。

#### 2. 理念更加深入人心

课题研究使教师的教学理念得到提升，教师们进而对课堂教学中师生活动方式的内涵和意义有了更深的了解，真正认识到：①教学要关注学生的进步和发展。教师必须确立学生的主体地位，树立"一切为了学生的发展"的思想。如果学生不想学或是学习效果不理想，即使教师教得再多也是无效教学；同样，如果学生学得很累，也没有得到应有的发展，那么这也是无效或低效教学。②教学关注教学效益，要求教师有时间与效益的观念。教师在教学时既不能"跟着感觉走"，也不能简单地把"效益"理解为"花最少的时间教最多的内容"。教学效益不同于生产效益，它不取决于教师教多少内容，而是取决于对单位时间内学生的学习结果与学习过程综合考量的结果。③教学需要教师具备一种反思的意识，这要求每一名教师不断反思自己的日常教学行为，不断追问自己教学是否有效、教学方式是否适合学生。

**3. 提高了教师的课堂教学水平**

通过研究与实践，课题组成员在教学中改变了以往的"灌输式"教学方式，采用"主体性"教学模式，注重教学情境的创设，注重对学生的启发、引导、激励，让学生自主探究、有效合作，引导学生在感悟中学习、在交流中求知、在互动中提高。

**4. 促进了教师教学方式的转变**

为了使课题研究扎实开展，真正改变教师的教学方式、提高总结反思能力，学校积极为教师的研究搭建交流平台，开展以有效教学为载体的各种教育论坛、教育沙龙活动，采取"走出去，请进来"的方式营造多种交流氛围，加强了集体备课的力度，规范了教学案一体化的要求，进一步活跃了有效教学的研究氛围。

在每学期学校组织的各年级学生的评教评学活动中，我明显感受到教师的教学行为发生了很大的变化，这主要体现在以下方面：①课前备课组集体编制教学案，教师能在教学中合理使用教学案以提升教学效果；②教师在讲授新课时能更多地选择"展示→提问→提示→讨论→呈现"的方式，使学生积极思考、主动学习；③课堂小结具有高度的概括性和清晰的条理性，能注意精心设计不同能力层次的课后作业，尤其注意保护学习有困难的学生的自尊心；④教师在教学中能照顾到不同学习水平的学生，实行分层教学，让各类学生都能参与到教学中，成绩都能得到提高；⑤在师生相互交往中，教师能利用和谐沟通策略，注意与学生的言语、体态交流，成为与学生共同探究问题的合作者；⑥教师具有较丰富的有关学习策略等方面的知识，善于计划、评价、调控学生的学习过程，适时、适度调整教学方法，灵活地应用各种教学策略对学生进行学法指导。

### 5. 提升了教师的科研素养和学校的整体办学水平

课题研究形成了学校良好的教科研风气，激发了教师学习教育教学理论和开展课题研究的积极性，形成了有效互动的教科研群体。在研究中，教师逐步提高了反思能力，养成了写课后反思的好习惯，理论素养和科研水平都得到了提升。通过课题研究，学校的整体办学水平明显提高，学校先后获得"山东省语言文字示范校""山东省实验教学示范校""日照市办学水平优秀学校""日照市教学示范校""日照市规范化学校""日照市绿色学校""山东省海洋教育特色学校""日照市文明单位"等诸多荣誉，24名教师获得省、市、区教学能手或学科带头人称号，有60篇论文在国家、省、市级论文评选中获奖，有4篇教学案例在中央教科所举行的案例评选中获奖，有16名教师在省、市、区优质课比赛中获奖。

## 七、结论及思考

通过课题研究，我们欣喜地看到教师的教学行为和学生的学习行为有了明显的改变，广大教师的课堂教学水平和学校的教育教学质量有了显著提高，整个学校呈现出前所未有的风貌。因此，对"课堂教学中师生活动方式的研究"这一课题的研究是十分必要的、及时的。

### （一）困惑与反思

一，个别教师对师生活动"重形式、轻实质"，导致课堂教学无法很好地达到应有效果。我们在课堂教学中实施活动模式，核心应该是活动的实效性，而有的教师却误认为只要是以小组的形式进行学习、师生之间有交流就行了，在课堂上只是简单地让同桌或前后桌学生组成学习小组，布置学习任务后要求其进行小组讨论。在此期间，教师不能很好地指导学生相互交流，也不监督学生在小组中的交往活动，合作方式不了了之，甚至流于形式。

二、个别教师对自身的教学过程和方式反思不够，对出现的问题不能进行很好的探究、总结、分析，未能变传统型的"师道尊严"为现代型的"良师益友"。

## （二）总结

通过本课题研究，我们清楚地认识到，由于水平有限，我们对本课题的研究还不是十分充分，疏漏之处在所难免。在当前的教育形势下，即使本课题得以顺利结题，我们仍然不会停下教育科学研究的脚步，在省、市教科所领导的指导帮助下，在全体教师的共同努力下，我们会在今后的教学工作中继续深耕这一课题，使研究过程和研究结果能够真正有助于解决学校教育教学工作中遇到的问题，使教科研真正服务于教育，体现出教科研的作用与价值。同时我们也不断地向同行研究者和专家们学习，努力把课题研究做得更好。

本部分参考资料：

[1] 刘旭. 新课程理念下的课堂教学 [M]. 成都：四川教育出版社，2005.

[2] 朱慕菊. 走进新课程：与课程实施者对话 [M]. 北京：北京师范大学出版社，2002.

[3] 郝志军. 中小学课堂教学模式变革研究论纲 [J]. 教育科学研究，2003，（03）：9-13.

[4] 吕世虎，肖鸿民. 中国基础教育课程与教学研究 [M]. 北京：中国人事出版社，2002：114-210.

## 本部分研究附件

### 附件一：关于实验三中专任教师课堂教学设计现状的调查报告（调查人数 88 人）

**（一）对教学设计的认识和对现状的调查（共设计了 10 个问题）**

调查结果显示，教师对教学设计理论有了一定的了解，知道其包含的基本要素是教师、学生、教学内容、学习条件以及教学目标、教学策略、教学媒体、教学组织形式和教学过程等，也知道进行教学设计对于教师自身发展和提高学生素质具有很大的帮助，但同时我们也看到了一些不尽如人意的数据。

调查结果显示，认真阅读教学设计理论书籍的教师仅占 33.7%；每节课都进行教学设计的教师仅占 28.4%；进行教学设计时注重学生学习方式转变的教师仅占 34.6%；教学设计时注重从整个小学阶段教学知识体系出发的教师仅占 11.6%；注重按照整册教材编排体系进行教学设计的教师仅占 25.3%；注重按照单元编排体系进行教学设计的教师仅占 23.8%。从中我们不难发现，许多教师对教学设计的认识仅停留在表面上，缺乏对其深入的理解和研究。

对此，学校应采取以下措施。

（1）加强专业引领，制定有效措施鼓励教师读书，提高教师的理论水平。

（2）强化单元主体备课，引领教师整体把握教材，进行整体教学设计。

**（二）关于教学对象及教材处理的调查（共设计了 10 个问题）**

调查结果显示，大多数教师对课题研究持肯定态度并能按部就班地进行研究，特别是在教材使用方面，视学生情况和自我认识进行调整的教师占 57.5%；能从整体考虑优化组合，进行二次开发的教师占 40.8%。这说明教师能有效发挥教材的功能，在具体实践与探索过程中充分兼顾本班学生和本校的实际情况，因地制宜地对实验教材进行一定的再创造，有利于引导学生利用已有知识和生活经验主动探索知识，同时也有利于教师创造性地进行实践。

但同时我们也看到，有些教师不太注重学生的课前预习，没有准确把握学生的学习起点，课后没有与学生进行必要的交流与反思，导致难以取得较好的课堂教学设计的效果。

解决对策：

（1）注重研究分析学生的认知结构与情感，以准确把握学生的学习起点，避免以"教"为中心。

（2）课后进行师生交流及教师自我反思，以促进教学设计的不断改进。

### （三）关于教学目标（共设计了 10 个问题）

调查结果显示，大多数教师对教学目标的把握已经不再仅仅局限于基础知识的掌握与基本技能的提高，而且还关注学生的过程性及体验性目标。然而在制定目标时，教师由于缺乏对学生学情的分析，导致教学目标设置得过高或过低，没有照顾到全体学生，且由于教师没有进行整体把握，导致教学目标支离破碎。

解决对策：

（1）研究学情，从学生实际情况出发来制定目标。

（2）针对学生的不同特点，分层制定目标。

（3）至少从单元整体编排体系来制定目标。

（4）目标制定应整体化，不要人为地强行分为三部分，而应有机融合，以知识为载体，以活动为途径，同时渗透情感目标，忌假大空，要切实可行。

### （四）关于教学策略的调查（共设计了 10 个问题）

调查结果显示，关注教学内容与生活的联系的教师占 80.5%。这说明我校教师能结合学生的生活经验和已有知识来设计富有情趣和意义的活动，使学生切实体验身边的科学实验，用所学各学科知识解决生活中的实际问题，从而对学习产生兴趣，增强对知识的应用意识，培养自主创新能力。

师生互动解决问题占比达 72.6%，学生尝试解决问题占比为 28.5%，教师讲解决问题占比为 20.6%。课堂教学的过程是师生双方信息交流的过程，在这个过程中，教师要重视来自学生的反馈信息，加强对反馈信息的控制和调节，使教学处在动态之中，提高课堂教学效率；教师要善于捕捉反馈的信息，通过观察学生的表情、听取学生的发言、查看他们的练习了解问题，启发和指导学生准确掌握知识。

注重挑战性问题情境创设的教师占 67.30%。调查结果表明，问题情境的创设有利于激发学生学习兴趣和求知欲，调动学生的学习积极性，有利于学生对所学内容的认识、体验和理解，进而感受知识的力量。

在现代教育媒体使用方面，经常使用的教师占 47.3%，有时使用的教师占 22.7%，基本不用的教师占 30%。调查表明，教师的教科研水平、计算机操作能力得到快速提高。在课件制作上，教师不仅要增加数量，更要提高质量，要体现以学生发展为本的教学思想，使多媒体技术真正起到培养学生创新精神和实践能力的作用。

课堂上学生交流的方式中，同桌交流占比为 37.3%，四人小组交流占比为 43.5%，允许下位交流占比为 7.1%，学生在课堂上会发现和提出问题方面的占比为 33.8%（有时会的占比为 46.4%，不会的占 19.8%）。

实验结果表明，我们的学生已初步具备了这方面的能力，但发展并不均衡。

完成课内作业的时间方面，5分钟左右完成作业的学生占比达82.7%，10分钟左右的学生占比为27.3%。调查结果显示，教师已意识到练习是教学的一个重要环节，通过一定数量的练习，学生可以牢固掌握所需基础知识，形成熟练的技能、技巧。练习也可以促进学生思维、品格、身心等智力因素和非智力因素的发展。通过练习，教师还可以获得反馈信息，检验学生的学习能力，评价教与学的水平。

现象：学生提出问题和交流能力欠缺，课堂提问缺乏深度。

对策：

学成于思，思源于疑。学生学会学习的重要一点就是学会质疑，学会自己发现和提出问题。从另一角度说，教师要让学生真正成为课堂的主人、学习的主体，把发现问题和提出问题的权利还给学生，让他们提出自己真正不懂的问题，这样才能做到教为学服务。

小组合作讨论是一种群体活动，可以最大限度地满足学生参与活动和表现的欲望，有助于学生理清思路、发现问题和解决问题。小组合作讨论也利用学生在学习中取长补短，培养合作精神和集体精神。教师从中要加强指导，进行强化训练。

学生对所学内容不感兴趣或不愿意听课，说明学生对学习的兴趣不浓。发展与教育心理学的研究表明，兴趣是一种带有情感色彩的认识倾向，它以认识和探索某种事物的需要为基础，是推动人去认识事物、探求真理的一种重要动机，是学生学习中最活跃的因素。有了学习兴趣，学生在学习中才会有很大的积极性，从而产生某种肯定的、积极的情感体验。因此，教师应根据课堂教学内容的特点进行以下调整：创设探索性情境，激发学习兴趣；创设竞争性情境，引发学生学习兴趣；创设游戏性情境，提高学生学习兴趣；创设故事性情境，唤起学生学习兴趣；创设具有可操作性的情境，调动学生学习兴趣。总而言之，应通过多种情境的设计，唤起学生对学习的兴趣。

语文新课标要求教师的课堂提问有开放性，所提的问题要具有思考价值；对于学生不用思考、随口可答的问题尽量少提，最好不提。这样，对教师的要求就高了，教师只有备课时认真思考，才能在课堂上随机应变，这要需要有一定的临场应变能力。事实上，调查对象中没有几个人能做到这一点。

此外，在课堂上，教师似乎惧怕学生出错，尤其是在公开课上，一旦学生出错，教师就马上"捂盖子"，唯恐因此打乱自己预先设计好的教学计划。课堂上是容易出错的，出错是正常的，这是一个非常简单的道理。如果学生都会了，还要我们教师干什么呢？学生出错了，教师应该让学生把问题说完，然后分析其产生错误的原因，以便"对症下药"，这才是我们教师对待学生回答错误所应持有的态度。

### （五）关于教学评价的调查（共设计了10个问题）

调查结果显示，大多数教师注重评价方式的变革，做到了评价方式多样化、评价主体多元化，但也暴露出不少问题。

存在的问题：

（1）学生回答错误或提出无价值的问题时，教师评价方式不当。

（2）学生自主评价的机会不多。

（3）评价语言匮乏。

（4）合作学习有形无实。

（5）过于关注结果。

解决对策：

学生的问题意识还比较薄弱，主要表现在三方面：①不会或不善于提出问题；②不愿或不敢提出问题；③提出一些错误或无价值的问题。

调查结果显示，教师在教学中已注意到如何提高学生的问题意识，都知道造就创新人才关键是培养受教育者的问题意识。教师要以问题为中心，巧妙地设疑、激疑，科学地释疑、解疑，以促进学生问题意识的发展，最终实现学生创新能力的提高。

根据现代教学论，学生是教学的主体，在课堂中是具有生命的人。教师不再是学生学习的监督者和发出指令者，而是由传统的知识传授者转变为学生发展的促进者。因此，教师在以发展为本的课堂教学中，要把评价的主动权还给学生，不断引导学生评价自己、评价同伴、评价教师。教师可以把评价的过程当成学生对自身学习行为进行自我调控和自我塑造的过程，让学生在评价中学会正确看待他人、正确看待自己。

语文新课标明确提出："对学习的评价要关注学生学习的结果，更要关注他们学习的过程；要关注学生学习的水平，更要关注他们在学习活动中所表现出来的情感与态度。"教师们似乎都知道这一理念，但是，一到课堂上情况就不一样了。在进行教学评价时，教师往往只关注学生对知识的掌握情况，却较少关注学生的思维过程、解决问题的方法以及在学习过程中所表现出来的其他方面的能力。此外，教师的评价方法单一，评价语言匮乏。过多的、廉价的表扬无异于捧杀。教师的表扬不要随意和漫不经心，而要发自内心，要让学生真正感受到他的答问已引起教师的兴趣，这种表扬要能让学生感受到一种成就感。否定学生的结论时，教师要让学生明白错误的原因，使其体面地结束回答。教师的评价语言要因人而异，根据问题的难易使用不同的评价语言，只有这样才能达到评价的目的。

语文新课标要求教学方式要多样化。合作交流是学生学习的重要方式，注意，是重要方式，而不是唯一方式。目前有一种怪现象：只要有人听课或是上公开课，教师就不管三七二十一都要用上合作学习的方法，不管其教学内容是否与该方法相适宜，也不管学生的实际情况如何。

从调查结果来看，大多数教师并没有掌握合作学习的真正要义，所采用的小组合作学习方式也并没有给学生提供足够的时间和空间让其充分展开讨论，往往学生还没开始学习教师就喊停，合作学习完全沦为走形式。

我们不应将"新"与"旧"看成区分教学方法"好"与"坏"的主要标准，不能采取极端主义态度，绝对肯定或绝对否定某些教学方法。恰恰相反，我们应当更为明确地提倡教学方法的多样化。传统的方法有它的优点，现代的方法也有其局限性。我们只有通过积极的教学实践，深入地去认识各种方法的优点与局限性，才能依据特定的教学内容、教学对象和教学环境，选择合适的教学方法，形成自己的教学风格。合作学习是一种好的教学方法，但它不是万能的。

总之，从上述情况来看，我们的课改任重而道远。因此我们要以"十二五课题研究"为新的切入点，扎扎实实进行现有课题的研究，力争取得新突破。

## 附件二：语文学科"情感式活动——情感共振活动方式"调查问卷

一、选择题（可多选，在答题选项相应字母上打"√"）

1. 你喜欢语文课吗？

A. 喜欢　　B. 一般　　C. 不喜欢　　D. 没想过

2. 喜欢语文课的原因是（多选）：

A. 学语文有意思，感到语文学习内容不难，对学好语文有信心

B. 语文老师教学认真，讲解清楚，方法得当，教学水平高

C. 受成绩好的同学影响

D. 不知道原因

3. 你认为语文成绩好的原因是（多选）：

A. 学语文有意思，感到语文学习内容不难，对学好语文有自信心

B. 语文老师教学认真，讲解清楚，方法得当，教学水平高

C. 受成绩好的同学影响

D. 平时学习语文很努力，认真听课、做作业，复习全面、系统，时间抓得紧

E. 语文学习方法得当，学习有计划性，时间安排合理。

F. 学习能力（如记忆力、注意力、思维能力、问题理解能力、自学能力）强

G. 考试时情绪比较稳定，考场上发挥得好

H. 不知道原因

4. 不喜欢语文课的原因是（多选）：

A. 学习基础不好

B. 听课不太认真

C. 老师上课不吸引我，语文课太枯燥

D. 要写作文

E. 语文老师讲课说话不清楚，重点和难点讲不明白，教学水平不高

F. 感觉语文学习内容太难，学习上缺乏自信心，语文考试题目难度大

G. 语文老师不太关心我，与语文老师关系不融洽

H. 不知道原因

5. 你认为语文成绩不好的原因是（多选）：

A. 完成作业不认真

B. 没有很好地复习

C. 贪玩，常开小差

D. 对语文学习不感兴趣，不喜欢上语文课

E. 没有好的学习方法，学习没计划，效率不高

F. 自己学习能力（如记忆力、注意力、思维能力、问题理解能力、自学能力等）不太强

G. 感觉语文学习内容太难、题目太难，学习上缺乏自信心

H. 考试时情绪焦虑，没有发挥好

I. 语文考试中感到运气不好（如遗漏了考题、粗心大意、考试时受到了干扰）

J. 家长、同学等其他人对自己学习没能提供什么帮助

K. 语文老师不太关心我，怕和老师打交道

L. 不知道原因

6. 你们语文课上进行合作探究式学习吗？

A. 经常有　　　　　　　B. 偶尔有

C. 从没有

7. 语文老师讲课的时间大概需要多久？

A. 15分钟左右　　　　　B. 25分钟左右

C. 30分钟左右　　　　　D. 40分钟左右

8. 你的语文老师属于下列哪种类型？

A. 民主幽默型　　　　　B. 古板沉默型

C. 激情四射型　　　　　D. 独断专行型

9. 你觉得上课时（多选）：

A. 老师讲得多　　　　　B. 读书时间多

C. 听别人发言多　　　　D. 时间浪费多

E. 发言的同学多

10. 你们的语文老师是课堂教学中的（多选）：

A. 引领者　　　　　　　B. 组织者

C. 参与者　　　　　　　D. 欣赏者

11. 你的语文老师在课堂上重点讲解的内容是：

A. 重点　　　　　　　　B. 难点

C. 易错点　　　　　　　D. 课文的内容

12. 对你的阅读笔记老师要求：

A. 经常记　　　　　　　B. 偶尔记

C. 不记

13. 你的阅读时间是：

A. 每天阅读　　　　　　B. 每周阅读

C. 每月阅读　　　　　　D. 基本不读

14. 影响课外阅读的原因：

A. 负担过重、没有时间

B. 没有书籍来源

C. 对阅读根本不感兴趣，感觉不如看电视或者上网

15. 在语文新课标要求学生课外阅读的文学书目中，你已经阅读的有：

A.《安徒生童话》　　　　B.《格林童话》

C.《伊索寓言》　　　　　D.《繁星春水》

E.《朝花夕拾》　　　　　F.《水浒传》

G.《骆驼祥子》　　　　　H.《鲁滨孙漂流记》

I.《格利佛游记》　　　　J.《童年》

K.《钢铁是怎样炼成的》　L.《名人传》

## 二、想一想，写一写（开头已给出）

1. 语文老师，我喜欢你的这些方面：

2. 语文老师，我不喜欢（讨厌）你的这些方面：

3. 语文老师，我真的很想对你说：

4. 你从语文课中学到了什么？

5. 你喜欢什么类型的语文老师？

6. 你对语文学习有计划吗？你认为通过什么途径可以学好语文？

7. 你理想中的语文课是什么样的？

8. 你觉得语文课上老师最不该讲的话有哪些？你觉得可以讲哪些？

9. 你觉得现在的语文老师的教学方法适合你吗？如果不适合，你有什么建议？

10. 在今后的语文学习中，你将采取什么措施学好语文？

## 附件三：数学"参与式活动——结构优化活动方式"调查问卷

1. 你认为教师对于课堂教学在时间分配上的总体现状如何？（　　）

A. 老师应该多讲一些　　　B. 老师讲得太多

C. 不给我们展示机会　　　D. 讲课时间合适

2. 你希望在课堂教学中见到什么？（　　）

A. 多媒体教学手段

B. 老师示范

C. 在校内场所展示自己的作品

D. 小组合作完成作品

3. 你觉得你的老师对你关注吗？（　　）

A. 很关注　　　　　　　B. 一般关注

C. 很少关注　　　　　　D. 不关注

4. 在课堂中，你有表现和展示的机会吗？（　　）

A. 很多　　　　　　　　B. 一般

C. 很少　　　　　　　　D. 没有

5. 你最喜欢下面哪种类型的课堂教学形式？（　　）

A. 通过教师的讲述以获得新知识

B. 师生双方共同参与学习、实验以获得新知识

C. 在教师的指导下,由学生自己探索、学习以获得新知识

D. 由学生自己自主学习

6. 你喜欢哪种类型的老师?(　　)

A. 严格型　　　　　　　　B. 朋友型

C. 知识渊博型　　　　　　D. 幽默型

7. 你认为课堂讨论(　　)(填 A、B 或 C)。如果必要,你认为一节课应该花(　　)(填 D、E 或 F)来讨论。

A. 非常必要　　　　　　　B. 可有可无

C. 没有必要　　　　　　　D.1/4 的时间

E.1/3 的时间　　　　　　 F.1/2 的时间

8. 对于多媒体教学,你(　　)(填 A、B 或 C),原因是(填 D、E 或 F、G)(　　)

A. 非常喜欢　　　　　　　B. 感觉一般

C. 不喜欢　　　　　　　　D. 直观、形象,效果好

E. 好玩　　　　　　　　　F. 生动的画面更加吸引注意力

G. 太花哨,不严肃,影响学习

H. 太幼稚,适合小学生

9. 你比较喜欢哪一种课堂教学方式?(　　)

A. 老师多讲多抄,学生主要听讲和记录

B. 老师指点方法,学生先学后教,讲练结合

C. 老师很少讲解,学生自由看书和练习

D. 老师满堂提问,学生集体回答老师的问题

10. 在全班交流时,你希望老师怎么做?(　　)

A. 告诉学生答案　　　　　B. 提出交流目标,学生自由交流

C. 适当点拨、参与讨论　　D. 不闻不问

11. 你喜欢什么类型的习题？（　　）

A. 基础型　　　　　　　B. 拓展型

C. 背诵型

12. 你上课的思维状态怎样？（　　）

A. 紧紧跟着老师走

B. 带着疑难问题听讲

C. 自己的思考走在老师前面

D. 老师上课讲到就思考，没讲到就不管

13. 你在做作业时遇到问题时的主要解决方式是（　　）

A. 完全靠自己思考解决　　B. 找有关参考书

C. 问老师或同学　　　　　D. 与别人共同研究

14. 对你来说，下列哪种学习方式的效率最高（指听得懂、学得快、记得牢）（　　）

A. 独立自学　　　　　　　B. 听老师讲

C. 听同学讲　　　　　　　D. 给同学讲

15. 课堂上遇到难题时，你希望（　　）

A. 老师直接告诉自己答案

B. 在老师的引导下自己找出答案

C. 借助课堂讨论，在与老师、同学的讨论中找到答案

D. 自己找答案

16. 预习的方法多种多样，你常用哪一种？（　　）

A. 把要学的内容看一遍

B. 不预习

C. 阅读要学的内容，归纳出重难点并画出不懂或有疑问的地方

D. 阅读要学的内容并查阅相关资料，解决疑难问题

17. 在你与小组同学合作学习过程中，如果你与别人的意见产生分歧，一时找不到根据，你通常怎么做？（　　）

　　A. 反驳　　　　　　　　B. 存疑

　　C. 不理不睬　　　　　　D. 问老师

18. 你在课堂上的状态是（　　）

　　A. 上课认真听讲、积极思考，从不随便讲话和做小动作

　　B. 大部分时间能听讲，有时会走神

　　C. 上课常会走神、讲小话、打瞌睡

　　D. 没有心思听课，感觉无所谓

19. 你有课前预习的习惯吗？（　　）

　　A. 有，很认真地预习　　B. 有，按老师要求预习

　　C. 时有时无　　　　　　D. 从不预习，老师讲什么就学什么

20. 你有学习上的朋友吗？（　　）

　　A. 有几个经常一起争论问题的朋友

　　B. 有一两个可以问问题的朋友式的同学

　　C. 没有学习上的朋友，全靠自主学习

　　D. 没有学习上的朋友，有问题找老师

21. 每次考试的成绩与你努力程度的关系（　　）

　　A. 成正比　　　　　　　B. 相关，但不太明显

　　C. 不成正比　　　　　　D. 无关

22. 课堂上，对老师提出的问题，你（　　）

　　A. 经常回答　　　　　　B. 有时回答

　　C. 很少回答　　　　　　D. 从不回答

23. 你每天（　　）

　　A. 花8小时左右学习　　B. 花4小时左右学习

　　C. 花2小时左右学习　　D. 从不学习

24. 总体来讲，你对学习的感受是（　　）

A. 虽苦犹乐，对学习很有信心，我很喜欢学习

B. 对学习没有信心，但为了将来有个好前途只好学习

C. 无所谓

D. 对学习一点儿兴趣也没有

25. 上课时（尤其是进行测试或考试时）你会感到（　　）

A. 心情放松　　　　　　B. 非常紧张

C. 有点紧张　　　　　　D. 无所谓

26. 在学习过程中遇到你不懂或不理解的问题时，你（　　）

A. 会向老师请教　　　　B. 会与同学讨论

C. 会自己慢慢琢磨　　　D. 不想去解决

27. 对老师布置的作业，你（　　）

A. 认真对待　　　　　　B. 偶尔做

C. 做简单的，不做难的　D. 从来不做

28. 你个人在早读、自习多长时间内可以进入学习状态并逐渐养成良好的习惯（　　）

A.5 分钟　　　　　　　B.10 分钟

C.15 分钟　　　　　　 D. 大于 20 分钟

29. 课堂上，你最喜欢（　　）

A. 答问　　　　　　　　B. 自由阅读

C. 老师讲解　　　　　　D. 讨论

30. 不同的同学有自己的听课方式，你的听课方式是怎样的呢？（　　）

A. 听课时不记笔记，但愿意想，会配合老师上课的节奏（如回答问题等）

B. 老师让记什么就记什么

C.听课时会记自己认为重要的笔记,但常常听不到老师接下来所讲的内容

D.一面听一面把老师讲的和自己认为重要的内容记在书上

31.你觉得自己的听课效果怎样?(　　)

A.不清楚　　　　　　　B.全听不懂

C.能部分听懂　　　　　D.全能听懂

32.开学一段时间之后,发现自己成绩不太理想,一般情况下你会(　　)

A.不学习了,觉得反正学不会

B.听天由命,觉得反正我已经尽力了

C.确定自己的薄弱学科,狠下功夫

D.请教老师,看自己的学习方法是否对路

33.上自习课的时间里,如果没有老师在场,你会(　　)

A.无所事事,逮着什么就看什么

B.看哪个老师布置的作业多就做哪个老师所教学科的作业

C.查漏补缺,抓紧时间学习自己的薄弱学科

D.思考今天的学习情况,做好总结

34.你怎样完成作业?(　　)

A.在做作业的过程中经常遇到困难,经常不能完成作业,也不会问同学、老师

B.只讲求速度,做完作业就算完事

C.做作业遇到困难时,需要与同学讨论才能完成

D.自己能快速准确地完成作业

35.试卷或作业发下来后你何时修正?(　　)

A.从不修正　　　　　　B.待上自习课时修正

C.在老师讲评时修正　　D.立即修正

36. 在与同学讨论时，你感觉（　　）

A. 不想讨论也不想动脑筋

B. 不想讨论，怕说错，怕别人嘲笑自己

C. 不想讨论，保留个人见解

D. 与别人分享自己的观点并接受别人的指正

37. 你平时非常重视自己的考试成绩吗？（　　）

A. 非常重视　　　　　　B. 比较重视

C. 不重视　　　　　　　D. 感觉无所谓

38. 你从现在的课堂教学中体验到成功感了吗？（　　）

A. 经常体验到　　　　　B. 偶尔体验到

C. 没有体验到

39. 在自习课上，你经常（　　）

A. 完成老师布置的作业　B. 自己主动复习或预习

C. 与同学讨论疑难问题　D. 什么也不做

40. 你在解决完一个问题后，经常试图寻找其他方法解决吗？（　　）

A. 经常

B. 偶尔

C. 从不

D. 感觉有一个方法就够了，不想那么复杂

41. 完成了老师布置的作业后，你会（　　）

A. 主动找其他相关的平行题目做

B. 主动尝试相关的难题

C. 复习当天学习的内容，预习第二天上课的内容

D. 做好老师布置的作业就够了

42. 你在课堂合作学习讨论中经常发言吗？（　　）

A. 经常　　　　　　　　B. 偶尔

C. 只跟同桌同学交流过　　D. 在这种讨论中从未发过言

43. 如果老师上课让你回答问题，你会怎样？（　　）

A. 假装不会　　　　　　　B. 看书或听同学的提示

C. 积极思考应答　　　　　D. 不去想，觉得反正老师会讲

44. 在讨论释疑过程中，你喜欢提出问题和发表自己的见解吗？（　　）

A. 喜欢

B. 不喜欢

C. 老师让说就说，不让说就算了

D. 说了担心同学们笑话

45. 你认为自己的学习动机是什么？（　　）

A. 为了自己有美好的前途　B. 为了考高分满足自尊

C. 为了满足家长的要求　　D. 为了和同学一起玩

46. 如果你的学习成绩不理想，你认为主要原因是（　　）

A. 学习方法不当　　　　　B. 基础知识掌握得太差

C. 教材内容难　　　　　　D. 听不懂老师讲课的内容

## 第三节　初中作文有效教学的策略及模式创新研究

作文是学生记录生活、抒发感悟的直接形式，也是提高学生综合素养的重要途径。语文教学的核心绕不开"作文教学"。语文新课标对于写作目标有清晰的规定："能根据需要，用书面语言具体明确、文从字顺地表达自己的见闻、体验和想法。"但在实际写作课堂上，教师更多的还是习惯于传统作文教学模式：布置题目，写前引导，学生写作，教师批改，统一讲评。教师在写作课堂中占据主导地位，学生只能被动写

作、接受点评，无法发挥其自主性、主动性。因此，我们有必要重新审视当下的作文教学，探索更有效的作文教学模式。

日照高新区中学在日照市教育科学规划课题中，由负责人许崇峰主持完成了课题"初中作文有效教学的策略及模式创新研究"（课题批准号2017YB093），课题组主要成员有许崇光、孔茜、相红瑛、王朝霞、郑笑。

## 一、作文教学研究的基本内涵

### （一）目的与意义

对于初中生来说，他们刚开始接触作文写作，脑袋里缺乏对生活的观察，因此在下笔的时候面临无物可写的困境，有的时候甚至一节课都拟不好题目、两节课也列不出提纲。初中阶段所学是高中阶段学习的基础，是小学阶段和高中阶段之间的过渡，是学生心理由幼稚到成熟的转变时期。这一时期的学生喜欢追求独特的个性，对世界有无限的好奇心，但往往过于关注自己的感受，导致在写作文时出现天马行空、措辞不当、立意跑偏、选材老旧等现象。

我认为，当前作文教学最大的失误是教师没有把学生当作独立的个体，学生的社会体验少、对生活的观察少，使得脑海中缺少生活的色彩，写作文就沦为了机械而没有情感的表达。所以教师在平时的作文课堂教学中要始终秉持作文教学要以培养学生的思考表达能力为目标，因为思考与表达能力直接关系到学生综合素质的培养，教师要努力发散学生的思维，而不能去禁锢学生的思想。

### （二）概念的界定

"有效教学策略"是指教师在遵循教学活动客观规律的前提下确定

教学目标，根据已定的教学任务和学生的特征，有针对性地选择与组合相关的教学内容、教学组织形式、教学方法和技术，以尽可能少的时间、精力和物力投入，取得尽可能好的教学效果，形成效果好、效率高、效益突出的教学方案，从而提高教学质量。

"教学模式"是指在一定的教育观念、教学理论和学习理论指导下的教学过程的稳定结构形式；教学过程主要包含教师、学生、教科书和媒体四个因素，这四个要素相互关联、相互作用，形成稳定的结构形式。

"初中作文有效教学的策略及模式创新研究"是针对我校初中语文作文教学中存在的教师教学策略和模式创新方面的问题进行的研究。

### （三）课题研究的理论基础

**1. 课题研究背景**

国外的作文教学是将学生参与度与作文批改完成度作为衡量教学完成情况的标准。他们认为初中学段的写作指导最好包含五个层面，分别是让学生主动解释，自主判断，多写、写完多改名，积累阅读，多接触优秀作品。

但国内研究中，课程改革强调学生学会学习、主动学习。作文的批改与评价必须从"教师发号施令，学生被动听命"的形式转变为"以学生为中心，师生平等交流"的教学观。重视作文的评改模式，创新评改形式，让学生学会对自己与他人的习作深入阅读、欣赏并修改，实际上也是教学生学会学习、主动汲取知识的过程。语文新课标指出："根据表达的需要，借助语感和语文常识修改自己的作文，做到文从字顺。能与他人交流写作心得，互相评改作文，以分享感受，沟通见解。"我们倾向于培养学生修改作文的能力，使其养成主动修改作文的习惯，最终实现提升其写作水平的目标。这是作文教学的重中之重，因为修改作文的能力和习惯是衡量写作水平的标准之一，不能修改文章的人，就不能称之为会写文章。"初中作文评改方式创新研究"这一课题旨在探索一种行之有效的作文教学方法，真正做到"授之以渔"，让学生学会和乐于评价、领悟并修改自己和他人的作文，在修改的过程中增强遣词造句、语言感知的能力，使写好作文成为学生的内在需求，从而全面提高学生的作文水平。

**2. 理论依据**

（1）新课程标准。语文新课标指出："根据表达的需要，借助语感和语文常识修改自己的作文，做到文从字顺。"学生要主动与他人交流写作感悟，在批改过程中分享心得，这些要求恰恰体现了语文新课标重在强调学生主体性的发挥，构成了对本课题研究的理论支撑。

（2）建构主义学习理论。根据建构主义学习理论，学习者要真正获得知识，主要不是通过教师的传授，而是学习者在一定的社会文化背景和情境下，利用必要的学习资源，通过与其他人的协商、沟通、合作以及本人进行意义建构。这也为本课题的顺利开展提供了有力的理论支撑。本课题将在建构主义学习理论指导下进行教学设计的研究，通过学生在作文修改中的主动探究、合作交流，改变以往单一的、被动接受的学习方式，形成新的学习方式。

## （四）研究现状的调查与分析

为了了解初中语文作文教师教学与写作的现状，我们利用"问卷星"平台发布了不记名、不见面的网络问卷调查，以求问卷真实、有效，便于获取有关学生写作兴趣以及对作文态度的真实反馈，从而有针对性地设计出有助于提高学生写作能力的有效教学策略。

针对课题研究的内容，我们设计了"中学生语文作文教学实际情况问卷调查（教师卷）"和"初中学生语文作文影响因素问卷调查（前测）"。两份问卷都是22道题，题目类型全部为选择题，抽取初中各个年级共 8 名教师和 200 名学生进行问卷调查。8 名教师参加测试，提交问卷 8 份，全部为有效问卷；有 200 名学生参加测试，提交问卷 192 份，全部为有效问卷。

**1. 教师方面**

（1）教学理念陈旧落后，忽视学生对生活的体验，忽视对学生兴趣的激发。

表 3 "中学生语文实际情况问卷调查教师卷"调查结果

| 维度 | 百分比 | | | |
| --- | --- | --- | --- | --- |
| 学生是否能明确教学目标 | 经常（2.22%） | 有时（33.33%） | 一般不（22.22%） | 反对告知（22.22%） |
| 作文教学方法方面 | 虚心向学生请教（33.33%） | 较少征求学生意见（44.44%） | 不征求学生意见（0%） | 其他（22.22%） |
| 作文课堂氛围 | 积极活跃（11.11%） | 一般，能配合（55.56%） | 死气沉沉，不想配合（33.33%） | |
| 教师是否表扬学生 | 经常（33.33%） | 偶尔（22.22%） | 只表扬写作优秀的学生（22.22%） | 从未表扬过（22.22%） |

由表 3 可知，许多教师的教学理念不能与时俱进，只有极少数教师能让学生明确作文教学目标，教师在作文教学方法上也极少向学生征求意见，这就导致作文课堂死气沉沉，课堂上备受关注的也只是那些写作优秀的学生，其他学生被表扬甚至得到单独点评的机会极少。这样做不仅不利于激发学生写作热情，也打击了学生对于记录生活体验和抒发自我情感的积极性。其实每名学生的作文都有其精彩之处，可能是一个段落、一个句子、一个动词、一个题目，教师要善于发现学生作文中的优点，对其予以表扬，以此来激发学生的写作兴趣和积极性。

（2）教师对新课标解读不深，弄不清写作教学的实质。

表4

| 维度 | 百分比 | | | |
| --- | --- | --- | --- | --- |
| 是否学过语文新课标中的作文部分 | 认真学过（37.5%） | 粗略看过（12.5%） | 仅仅参加过培训（37.5%） | 没有学习（12.5%） |
| 怎样算完成了作文教学任务 | 教完不管学生反应（0%） | 多讲多抄（37.5%） | 指导方法（50%） | 质疑问难（12.5%） |
| 作文课中注重学生 | 知识理解和技能掌握（37.5%） | 主动参与（37.5%） | 有诸多见解（0%） | 学习方法的掌握（25%） |

由表4可知，许多教师对语文新课标解读不深，认真学过的教师占比只有37.5%。对于"怎样算完成了作文教学任务"这一问题，一半的教师认为对学生给予了方法指导就算完成了教学任务，而并不能将"情感、态度与价值观"教学目标落到实处。体验式作文教学指出，写作应成为学生表达体验的一种需求。当下很多教师只按传统作文教学的套路进行教学，不想创新。对于"为什么上写作课"，三分之二的教师认为是为了提高考试成绩。因此，很多教师为了学生在考试中取得高分，从写作内容到写作形式都提出了明确要求。于是，学生的作文沦为揣摩教师意图后文字的堆砌，作文的情感甚至内容都不真正属于写作者自己。余秋雨先生说，他不希望写作的过程让孩子成为一个准大人，"不是让他们消失自我以后变成模式化的成人"。教师的任务应该是让学生通过写作把自己的独特性表达出来，抒发个性、释放自我才是写作者应该有的姿态。

（3）教师自身对写作不感兴趣。

表5

| 维度 | 百分比 | | | |
|---|---|---|---|---|
| 是否对写作感兴趣 | 非常喜欢（0%） | 比较喜欢（62.5%） | 有时喜欢（10%） | 不喜欢（37.5%） |

由表5可知，接受抽样调查的教师普遍写作兴趣不够浓厚，甚至有37.5%的教师表示对写作非常不感兴趣。试想，教师自己对写作都不感兴趣，又该怎样去指导学生写作呢？其课堂氛围可想而知。

（4）教师批阅作文的主观随意性较大。

表6

| 维度 | 百分比 | | | |
|---|---|---|---|---|
| 如何评价学生作文 | 学生互批，教师总评（37.5%） | 打分数，写评语（37.5%） | 只打分数（12.5%） | 其他 |
| 批语对学生的作用 | 没什么作用（12.5%） | 有一点作用（62.5%） | 很有作用（25%） | — |

由表6可知，教师认为作文评语对学生作用不大，所以作文"只打分数"的占比为12.5%。而作文评讲是作文教学中不可或缺的一环，它既是对当前习作情况的总结，又对下次习作提出指导意见，具有承前启后的作用。有些教师在批改作文时，以其一人批改为主，能让学生互批的只占37.5%。评语也比较笼统，诸如"题材新颖""字迹不工整""态度端正"，学生读后收获甚微。还有教师给出诸如"结构条理清晰""主旨鲜明""语句需推敲""选材不恰当""审题不严谨""你太棒了"等评语，没能给学生提出具体的、具有可操作性的习作改进建议，更难以达到改

文育人的境界。

讲评作文时，有些教师空话连篇，让学生听得糊涂、不知其所以然；有时洋洋洒洒读几篇优秀作文，学生听个热闹就再无练习。有些教师上作文讲评课没有考虑学生的心理特点和实际需求，还有很多教师翻翻学生的作文本，打上分数就算"大功告成"了，至于学生会不会认真揣摩评语、是否会进行二次修改，则不再督促检查。有些教师的作文评改方式单一且学生处于被动地位，无法让学生真正体验到写作的乐趣和成就感，学生很快就对写作产生了厌倦感。

**2. 学生方面**

（1）学生对于生活中的事情缺乏主动思考，没有养成细心观察的习惯，生活经验不足。

表7

| 维度 | 百分比 | | | |
|---|---|---|---|---|
| 是否留意观察身边的人和事 | 经常（5.76%） | 偶尔（54.97%） | 老师叮嘱后才留意（34.55%） | 从不（4.71%） |
| 获得写作素材的方式 | 借鉴同学的材料（10.47%） | 回忆自己的生活（1.05%） | 查阅书籍、上网搜集（34.03%） | 老师和家长提供（54.45%） |

由表7可知，只有5.76%的学生能够做到经常主动观察身边的事物。对于初中学生来说，繁重的课后作业带来的学业负担以及来自电子产品的诱惑让他们无暇留意生活中的细节，导致他们在日常作文中无事可写甚至是无话可写，缺乏作文素材。调查结果显示，高达54.45%的学生的写作材料是由教师和家长提供，学生在作文中很少流露出对社会以及对人生的感悟和反思，内容虚无、浅薄，深度不够。作为初中生，应该

积极享受生命、热爱生活，敢于体验人生并学会用文字表达对生活的感悟。

（2）学生阅读类型少、阅读机会少，导致写作素材匮乏。

表 8

| 维度 | 百分比 | | | |
| --- | --- | --- | --- | --- |
| 喜欢读哪一类书籍 | 文学作品（36.67%） | 杂志（14.58%） | 作文书（39.58%） | 网络小说（29.17%） |
| 每周课外阅读的时间 | 0 小时（3.65%） | 3 小时左右（52.08%） | 6 小时（29.69%） | 9 小时以上（14.58%） |
| 所拥有的写作类书籍(多选) | 中高考满分作文（53.65%） | 作文指导类书籍（56.77%） | 作文报刊类（36.98%） | — |

由表 8 可知，学生对课外书的兴趣不大，再加上应试教育的"大网"之下学生学习压力较大，每周所拥有的自主阅读时间非常少，52%的学生每周阅读时长不到 3 小时，遑论去图书馆借书和订阅报刊了；即使是有课间阅读习惯的学生，也只集中在阅读作文书和网络小说上面，机械式的作文书阅读，读的时候不加以思考，对于自己的作文水平写作提升也不大，甚至是帮助甚微；还有很大一部分学生把阅读精力放在了网络小说上。对于喜欢读哪一类书籍，大部分学生阅读的书籍都是作文类，因为他们根本没有积累各种作文素材的习惯。所有的写作都是以阅读为基础的，读得多了、看得多了、思考得多了，在写作的时候自然有话可写。但是如果阅读量不够就会导致视野狭窄，再加上缺乏生活经验以及对生活的思考，那么在写作时自然无处下笔。

（3）学生缺乏对写作的兴趣，甚至害怕写作文。

表9

| 维度 | 百分比 | | |
|---|---|---|---|
| 对作文的态度 | 很感兴趣（4.69%） | 没有多大兴趣（20.83%） | 很害怕（74.48%） |
| 对作文课的态度 | 无所谓（82.29%） | 不喜欢（7.81%） | 很喜欢（9.9%） |
| 对老师所布置作文的态度 | 完全不懂写作（57.81%） | 喜欢参考优秀作文写作（36.46%） | 非常自信地独立完成（5.73%） |
| 对日常写作（比如写日记、随感等）的兴趣 | 经常写（7.29%） | 偶尔写（53.13%） | 不写（539.58%） |

由表9可知，大多数学生畏惧作文写作。有的学生讨厌上作文课，一提到写作文就垂头丧气、兴致不高。对大多数学生而言，写作文是件"苦差事"，他们每次费尽心思也难以写出一篇优秀的作文。久而久之，学生对写作产生了厌恶情绪，写作文成了他们沉重的心理负担。面对作文题目，他们构思许久也难以下笔，即便写出一些文字也显得苍白无味。对于平时的日记、随笔，能够经常主动写的学生仅占7.29%，多数学生缺乏创作热情，从而对写作产生了消极、对抗的情绪。

（4）作文讲评课单调，激不起学生的兴趣。

表10

| 维度 | 百分比 | | |
|---|---|---|---|
| 希望老师怎样指导作文修改 | 教师详细批改（58.85%） | 教师和学生面对面进行批改（31.77%） | 教师评分（9.38%） |
| 喜欢老师所采取的讲评课的模式 | 教师启发式讲评（26.56%） | 师生互动探讨（59.9%） | 学生间讨论（5.73%） |

续表

| 维度 | 百分比 | | |
|---|---|---|---|
| 是否期望自己的作文被朗读 | 十分期望（32.98%） | 比较期望（45.55%） | 无所谓（21.47%） |

由表10可知，教师的作文讲评方式大多不太受学生喜欢，学生提不起写作兴趣。多数教师继承了传统教学形式，从命题到写作指导再到写作后的批改讲评，每一个程序都以教师为主导，学生始终处于被动地位，这就造成整个作文教学过程学生只有听的份、看的份、写的份，那么学生的主动性何在？学生作文的兴趣何在？个性又何在？作文训练的全过程应该把学生放到最核心的位置，以学生为中心才能真正实现写作教学的目标。

（5）学生作文学习习惯不好，不重视教师的评语，很少能自主修改作文。

表11

| 维度 | 百分比 | | |
|---|---|---|---|
| 对老师评价作文的态度 | 只看分数（83.33%） | 无所谓（11.98%） | 非常关心（4.69%） |
| 对批改后的作文的做法 | 只看分数和评语（20.83%） | 只看看作文，不进行修改（35.94%） | 看看文章再修改（42.19%） |
| 看完老师的评语后会自行修改吗 | 经常（5.24%） | 很少（37.17%） | 从不（57.59%） |

由表11可知，对于教师评阅的作文，很多学生更看重的是教师批阅后给予的分数，很多学生看看分数和评语后就把作文收起来了，没有进行作文后的反思与修改。经常自我修改作文的学生所占比例还不到一半。由此可见，学生的作文学习习惯非常不好。如果每次的作文练习只停留于学生写作、教师点评，批改下来后学生看一眼就抛在脑后的话，那么学生的写作水平永远都只能"原地踏步"。

## 二、强化作文教学研究的过程管理

我们成立课题实验机构,根据研究内容,结合我校教学实际,确立"初中作文有效教学的策略及模式创新研究"为我们课题组研究的方向。为了顺利达成实验课题目标,我们专门成立了课题研究小组,确定参与教师并进行细致分工,为任务开展保驾护航。

### (一)制定课题相关制度和实验方案

#### 1. 课题研究的组织管理及学习制度

课题小组成员在明确的分工下各尽其责,以确保课题的顺利开展与实施。同时,加强小组成员理论学习,课题组全体成员认真学习语文新课标、作文写作指导理论,转变僵化守旧的教学观念,充分领会语文新课标和部编版语文教材对当下初中作文教学提出的基本要求和建议,从理论上认识到改革作文教学模式的迫切性,把握实验要义,明确实验步骤,掌握实验方法。

#### 2. 制订课题阶梯式训练计划,制定课堂教学实验方案

课题组依据部编版最新教材,结合每个单元的写作主题,制定单元训练重点,明确目标,创新方法,有的放矢地制订作文教学流程实验方案(具体计划见《七、八年级的作文教学计划》)。课题组成员根据课题的操作方案与学校相关的作文教学常规进行实践,对课堂教学中反映出的现实问题及时进行反馈与汇总,对学生在学习中暴露出的问题及时予以干预指导,及时记录、适时总结课题实施过程中的各种典型案例并及时调整教学设计。

根据学校实际情况,在充分调查了解学生的基础上,课题组成员认真分析和细致研究,制定出了行之有效的教学方案并在实践中不断予以补充修正。

**3. 充分调研，了解学情**

课题组对参与实验的学生进行了问卷调查。调查结果显示，仿写、逃避、无从下手、表达困难是大部分学生写作文时遇到的难题，而写作良好的学生基本都会从生活中寻找素材，保持良好的阅读习惯。

经过开展课题研讨活动，我们得到以下结论：作文在语文教学中被重视的程度不够；作文训练强调形式和技能，教师往往忽视对作文内容的指导；作文训练素材短缺，教师训练随意化，导致效率低下；学生阅读匮乏，文学知识积累欠缺；传统作文课对学生的帮助不大，教师作文指导不及时、不到位、不系统，学生处于被动状态；教师对学生作文评价不符合发展性评价的要求，重结果、轻过程，重评议、轻加工，重甄别、轻激励。教师苦教，学生厌写，作文评价的负面影响比较严重。

综上所述，对于教师而言，如何改变作文教学落后的局面，实现有序、有方、有效的作文教学便成为我们本学期的研究重点。作文教学是一个系统工程，不仅要"新而有方"，还要"活而有序"，更要"真而有效"。在实践探究的基础上，我们提出了"循序渐进，厚积薄发"的新构想。坚持以学生为主体，教师引导学生把作文融入生活之中，结合学生个人成长经历激发学生的写作兴趣，帮助学生养成独立写作、自主自觉写作的良好习惯，培养学生写作的主动意识和主观能动性，从而有利于学生形成积极、良好的个性品质。

**（二）组织实施**

学校对课题组教师进行培训，提高教师研究水平，参研教师同时积极参加线上线下的培训学习。学校积极创造条件为课题组教师提供培训、学习、研修以及参加各类专题讲座的机会，帮助教师开阔视野、拓宽思路。参研教师积极参加读书活动，加强理论学习，积极整理读书笔记并撰写相关教学论文。

学校积极组织参研教师进行线上线下、校内校外的教学观摩活动，让教师围绕课题内容进行深入探讨，做到"三个到位"——实验方案安排到位、教改课程落实到位、实验结果总结到位。

经过培训，课题组教师提高了认识、增强了信心，课题组实验研究也得以顺利推进。

在研究过程中，课题组及时展出优秀作品、奖励辅导教师，鼓励大家积极投稿，利用多种方式充分调动学生的写作热情和教师指导学生写作的积极性。在研究过程中，教师及时进行总结反馈，修正教学手段，探索适合我校实际的作文有效教学策略，具体的操作步骤如下。

按照课题方案进行操作研究，掌握第一手资料，课题组要求成员在平时的作文教学中要做"有心人"，善于捕捉课题实施过程中的各类有价值的信息，定期组织检查和交流。研究过程中组织教师通过课堂教学观摩及论文等形式展示成果。实验教师每学期撰写与课题相关的研究心得、论文，整理学生的优秀习作并积极投稿。

通过阶段性总结，教师及时发现问题、调整研究方案、进一步探索、积累研究资料、勇于尝试新的作文教学手段，在扎实的理论知识体系下，加强教学实践探索，提高作文教学水平。

**（三）构建"3-8-2"实验作文教学模式**

作文教学不能只满足于课堂上的指导，而应该形成一条贯穿于整个语文学习生活的主线，开展文学阅读、语文课堂密不可分的教学活动。课题组建议教师引导学生养成阅读和保持写随笔的习惯，语文教师能坚持每周及时批改学生写的随笔并通过评价引导学生感悟、体味生活的滋味，使学生养成写作的好习惯，激发其写作兴趣。教师也可以适当鼓励学生写班级日记，将学生自主批改和自主写作有机融合，创新作文教学模式，提高作文教学有效性。目前我国对教学模式也做了一些分类，比较常见的教学模式大致有三类：①传统型，是指由教师传授、学生学习的传统教学模式；②教师辅导学生在活动中自己学习的教学模式；③折中于两者之间的教学模式。不同的教学模式对于教学步骤和操作流程有着不同的规定，在教学活动中师生按照怎样的步骤完成任务都有不同的要求。而我们课题组结合前面所述的调查分析情况，仔细研判了我校的学情、教情，根据写作、修改及讲评时间，确立了"3-8-2"作文教学模式。

1."3"

"3"是指每次作文课至少使用3个课时，前两个课时留给教师充分进行作文指导，让学生保留足够时间完成写作、修改、自评、互批，最后1个课时留给教师评析和学生再次修改并定稿。

2."8"

"8"是指"1导、2写、3改、4批、5评、6赏析、7整稿、8展示"的教学安排。

（1）"导"是指写前指导。在上课或写作之前，教师重点指出本次作文审题立意的侧重点以及写作需要规避的常见问题，确保学生能够有的放矢地进行作文写作。这个环节仅需要十分钟左右，教师不必占用过多时间，将更多的指导随机嵌入整个教学流程，随时进行有针对性的指导。

（2）"写"是指学生在接受作文任务后，立即进入作文写作过程。这个过程要以学生为主导，但并不意味着把教师完全"抛出"，相反，它要求教师根据单元教学目标，在写作过程中给予学生有针对性的指导。如果说写前的临时指导是指明方向，那么过程指导就是扶正方向，之后再进行微调。教师只有及时注意到学生写作中的问题并加强针对选材、立意、打草、评改等写作过程的指导，采取有效措施及时指导与帮助，才能确保学生的作文水平发挥到最理想状态。写作时间要求学生控制在45分钟以内，以确保作文的时效性，这也是针对中考要求考生在规定时间内作文的必要训练。

（3）"改"是指学生完成作文初稿后简单通读并进行基础性修改，以改正错别字和病句等为主。

（4）"批"可以分为学生自主批改、同桌互批、小组共批、教师批改等不同方式，批改形式相互穿插、多元进行。教师批改、课堂讲评是传统作文课惯用的评价方式，学生主动性不足，效果往往事倍功半。作文模式改革中最先大刀阔斧改革的方向就是批改层面。我们课题组提倡学生当堂完成初稿后先不上交教师批改，而是采用更多元的方式。教师批改往往意味着一堂作文课的教学任务已经完成，但学生只停留于看评语阶段，这并不能实现作文能力的提升，因此必须将修改提升到创作甚至更高的地位。一篇作文的顺利完成要经过不止一次修改。作文学习要以"修批"为核心，而修改中首先要重视学生的自我修改，再进行他人修改，在自我修改的基础上辅之以学生互相修评、小组长修评、教师修评，这样才算完成一次作文的修改点评流程。教师要完成的任务不是盖棺定论，而是在整个批改流程中提醒学生注意结合作文命题的要求，将修批的重点与写作的侧重点结合起来，而不必要求面面俱到，但要有所得、有所悟。尤其在学生初次进行修评时，教师可以预先进行示范指导，或利用多媒体展示修改范本。（评稿和修改是第2课时师生集中力量共同完成的任务。）

"自批"是指学生自己批改自己的作文，将文章的优点和不足之处写在文后。

"互批"是指学生让文采比自己好的同学协助自己完成作文批修。（教师可以预先分好搭档并安排任务）

"组批"是指多组搭档合为一个小组，将搭档互批中的疑点、争议之处或心得体会在小组内共享，集体研讨后完成进一步的批改。每个小组需要整理批改总结，第二课时后将作文和批修记录整理收纳。

"师批"是指教师每次都要批阅每类文章的1/4，便于整体把握本次作文的写作和批阅情况，为下节课的评析做准备。

（5）"评"是指学生首先根据批改的反馈，总结梳理同学作文中的优点与不足之处以及批改过程中的心得体会。在学生评讲的基础上，教师评讲进一步就学生有所悟但未理解透彻的内容进行深入点评，梳理出可供参考借鉴的写作技巧、立意原则等总结性经验。

（6）"赏析"是指以小组为单位推选出佳作，教师通过投影来展示（书写、朗读和摘取）其中亮点句子或选段，以发挥学生榜样的力量，激发学生的写作积极性。尤其要注重选段朗读，一方面，学生本身写作基础有限，一篇从头至尾都完美无缺的佳作难觅，而善于捕捉到学生作文中的闪光点更能激发学生的表达欲望和写作积极性；另一方面，教师要注重寻找修改成功的典型，让学生在对比中感受到修改前后作文表达或描写的变化，进而让学生知道从何处下手修改以及学会如何修改。

（7）"整稿"是指学生在前面一系列的修改、评价和倾听赏析佳作的基础上，基本具备了第三次修改自己文章的能力，可以利用课间结合修改意见和自己重新审视，之后整理稿件上交。

（8）"展示"是指以班级或年级为单位，教师挑选整稿后的美文佳作进行展评，对于特别出众的作文可以将其整理投稿或编入校报。

3. "2"

"2"是指一次写作要经历两次较大规模的修改，第二次修改后的定稿标志着写作任务的完成。

**（四）初中作文有效教学的策略及模式创新研究的实验方法**

作文教学是语文教学的难点，许多教师在作文教学中下足了功夫，可结果依然收效甚微。俗语有云："三分文章七分改。"著名作家赵树理也说过："好文章是改出来的。"由此可见，写好作文离不开严格锤炼的"修改"过程。对于作文创作具备了一定基础的中学生来说，在修改上下功夫是非常重要的。然而长期以来，作文教学研究领域一直侧重于"写前指导"的研究，而忽略对作文的"批改与评价"，教师在作文评改中耗费大量时间与精力，效果却不甚明显。1978年，叶圣陶先生在一次座谈会上就无奈地表示："我当过语文教师，改过学生作文不计其数，得到一个深切体会：徒劳无功。"四十多年过去了，我们的作文课堂上依旧可见这种"徒劳无功"的教学形式。单一的以教师指导为主的课堂教学，原本应作为学习主体的学生被排斥在评价过程之外，课堂往往只重视教师全力教，而忽视了学生主动学。培养学生获得知识与技能的过程必须重视学生的自主学习活动，必须留给学生充足的训练时间；不重视学生能力发展的学习过程不能真正激发学生的写作兴趣、不能使学生对作文评改产生共鸣，即便教师洋洋洒洒的作文评改到了学生手上可能也只会被束之高阁，评价无法在学生身上发挥作用，导致作文批改沦为"走过场"，最终的结果是教师课堂教学效率低下，学生的作文水平提高缓慢。

结合我校作文教学实际，我们迫切需要通过实验摸索出一条适合我校语文作文教学的批改方法及教学策略的新路，切实培养并提高学生的作文能力。教师作文教学的传统观念亟待扭转，真正提高学生的作文学习兴趣迫在眉睫。为此，我们课题组明确了以下实验目标。

（1）培养学生写作兴趣，拓宽作文教学渠道。

（2）探索初中作文指导的方法策略，指导学生多角度、多层次地观察生活，引导学生加深生活体验，积累生动的写作素材。

（3）探索适合初中语文作文教学的训练体系，建构"以学生为主体的习作评改模式，以贴近生活选素材"的习作引导模式。

## （五）实验设计

### 1. 实验对象

为了尽可能真实地了解我校初中作文教学现状，课题组对我校200名学生进行了问卷调查。根据调查情况，我们最终确定调查对象为2019级两个同等类型班。

2019级两个班中，实验班9班共48人，其中男生20名、女生28名；非实验班5班共50人，其中男生21名、女生29名。两个班的总人数以及男女生比例基本相同。

### 2. 实验时间

实验时长为一学期：2019年9月1日至2020年1月20日。

### 3. 实验变量

（1）自变量：实验班采用"3-8-2"作文教学模式进行教学，非实验班采用传统教学策略进行教学。

（2）因变量：学生的作文成绩。

（3）控制变量：2019年9月至2020年1月，我校课题组选择同一年级同一类型的两个班级作为实验班和非实验班（分别是实验班2019级5班与非实验班2019级6班）。实验期间，实验班与非实验班均不更换语文教师，且非实验班仍采用传统模式讲授作文。此外，实验期间，两个教学班的课时数量和教室教学设备等均保持一致；课时一致，教学进度相同，前后测试的试卷、考试时长均保持一致，试卷批阅由课题组第三人独立完成。

### 4. 实验过程

实验前，实验班（2019级5班）与非实验班（2019级6班）在初中入学时语文考试的作文分数作为实验班和非实验班的前测成绩。

实验中，在平时的课堂教学中，实验班语文作文教学采取"3-8-2"有效作文教学策略，而非实验班教学延续传统作文教学以讲为主的形式。

实验后，对实验班和非实验班进行后测，以用七年级上册语文教材进行教学的学校的全市统一期末考试中语文试卷的作文分数作为实验结果，根据实验结果总结经验方法并在全体课题组成员教学的班级进行推广。

**5. 实验结果分析**

（1）学生学业成绩的变化。

实验前测和数据分析：

实验前，日照高新区中学进行了七年级上册入学语文考试（满分120，其中作文50分，考试时间120分钟），考试成绩相关数据的分析显示，开展作文教学实验之前，实验班（2019级5班）与非实验班（2019级6班）的语文作文成绩没有明显差异，成绩分布情况基本一致。

试验后侧和数据分析：

实验后，日照高新区中学进行了七年级上册语文期末考试（满分120，其中作文50分，时间120分钟），考试成绩数据分析结果显示，实验班的作文成绩与非实验班相比发生了较为明显的变化，其中实验班的作文成绩提升更为显著。因此，根据初期教学实验结果，课题组基本可以认定，采用"3-8-2"作文教学模式指导作文教学在一定程度上有助于提高初中生的作文成绩。如下图所示——

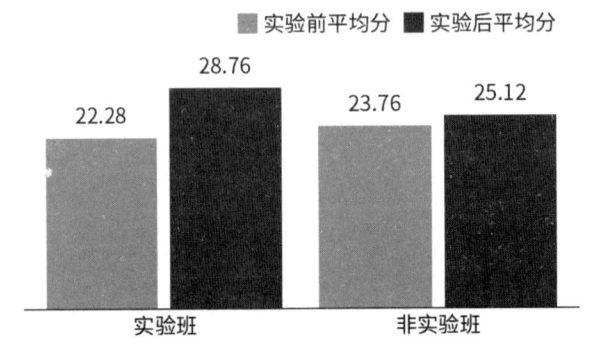

图1 实验前后实验班与非实验班成绩分析柱状图

在"3-8-2"作文教学模式的指导下，实验班学生在经过为期6个月的实验尝试后，成绩虽然有了直观的进步，但我们课题组认为，这样的数据变化对于认定实验成功与否还远远不够，为了深入了解实验后学生对写作的积极性、对作文课的态度、对教师教学的配合程度以及在作文课上的学习效果是否有所改观，课题组对存在的客观变化做了一些定量的考核。

基于以上考量，在对"3-8-2"作文教学模式进行实验研究后，为进一步掌握实验班学生在有关学习兴趣、对教师教学模式的态度以及学生在实验前后有关作文学习效果方面的变化情况，笔者对实验班学生再次进行问卷调查。这次问卷调查摘选了实验前测试的部分问题，以每道题A、B、C、D四个标准化选项的选择题方式（共计12道题目）进行问卷调查。

此次共发放问卷54份，收回有效问卷48份，以下是实验前后调查结果对比图。

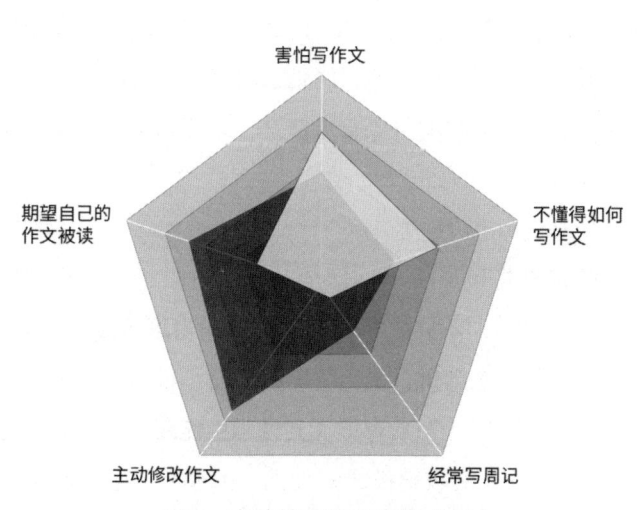

图2　实验前后调查结果对比图

（2）学生学习兴趣的变化。

通过一个学期中"3-8-2"作文教学模式的实验，学生们对作文写作的学习兴趣有了大幅提升，对作文的喜欢程度由原来的10%提高到42%，对作文的学习态度也发生了由原来几乎无人坚持写周记、随笔到试验后大部分学生愿意用文字记录生活趣事的转变，每周在课余时间坚持写周记、随笔的学生人数更是有所增加。由此可见，相较于传统的作文教学模式，学生们更易接受、也更喜欢"3-8-2"作文教学模式所提倡的教学方法。教师将更多的主动权交给学生，作文的评语也发生了由单一教师角度笼统的"题材新颖""字迹不工整""态度不明"等建议到自批、互批、组批、师批等更多元的评改方式的转变。教师注意在单元教学全过程给学生以充分的作文指导。教师通过阅读教学为学生提供借鉴，通过综合实践活动组织学生搜集素材。同时，教师主动采取措施，注意对学生加强取材、立意、起草、修改等方面的过程性指导与帮助。在学生自评自改、互评互改后，再让学生集体赏读讨论，并就作文选题立意、表达技巧、谋篇布局、语言锤炼和通力合作等提出全方位的作文改进建议。在"3-8-2"中"8"的教学环节完成后，鲜明的前后对比让学生感受到更多的写作乐趣，增强了写好作文的信心，能够真正提高学生对作文教学的参与度与课堂活跃度，教师的教学成就感也在不知不觉中得到提升。

（3）学生对教师态度的变化。

由以上实验数据可以看出，学生对之前的作文讲课方式往往并不"感冒"，问卷中选择"不喜欢""一般"的学生占据班级的"半壁江山"，批改方式也停留在"老师讲、学生听"的层面，很多学生甚至一上作文课就"打盹儿""溜号"，只有寥寥无几的学生能跟上老师的节奏。通过一个学期"3-8-2"作文教学模式的尝试，大部分学生都能参与到作文批改过程中，而互相批改的前提是作文大范围有效分享。在传统模式下，作文只有教师一个读者，学生习作往往只能换来一个"干巴巴"的分数，所以学生的创作热情就大打折扣；但在互评互改模式下，学生的作文有了更多的读者，学生也更乐于将自己的亲身经历、所见所闻呈现在文章中，更期待自己的得意之作得到同学的好评。学生一旦将创作热情融入每堂课、渗透到每篇作文随笔之中，教师的教学热情也随之高涨，可谓一举两得。

（4）学生学习效果的变化。

经过一个学期的跟进调查，实验班学生的作文课堂学习效果有了较为明显的提高，学生在"3-8-2"作文教学模式下的课堂听讲效率更高。在传统作文教学模式中，教师一直侧重于"写前指导"，而忽略对作文的"批改与评价"，大家"一个套路走天下"：参照中考大纲布置作文，学生写稿老师打分，优秀作文一读了之。教师在作文评改中耗费大量时间与精力，结果却收效甚微，学生参与度极低，难以达到"以学生为主体"的新课标要求，更遑论提高学生的积极性，唤起他们对作文写作的热情，学习效果可想而知。在此次"3-8-2"作文教学实验中，学生愿意把自己的切身感受写进作文，讲评时教师先做示范，一次作文从开始写到完稿拿出三个课时，确保留出充足的时间让学生自己互评互改，鼓励学生积极发表独特见解、建议。素材更贴近生活，讲评方式上充分尊重学生，积极调动学生的主动性。历经长时间的实验教学，学生对作文写作的信心大增，下笔不再瞻前顾后、畏首畏尾，对写作的评讲环节甚至充满期待，成绩提高也就顺理成章、水到渠成。

## 三、作文教学研究的发现和结论

经过了一个学期的"3-8-2"作文教学实验后，由两个实验班在2020年1月的期末考试作文成绩可以看出，经过实验训练的教学班的作文成绩不仅在平均分上明显高于非实验班，优秀率和及格率也有了较大幅度的提升。此外，实验班的学生在写作积极性、对待课堂和教师的态度以及整体学习效果上都有了质的飞跃。通过对上述实验结果进行梳理总结，课题组认为，"3-8-2"作文教学实验基本证实了该教学模式的有效性，具备一定的推广价值。

语文新课标在教学过程方面更为强调语文实践活动，要求学生联系现实生活，在实践活动中主动获取知识、形成能力，避免烦琐的分析和琐碎的机械练习。"3-8-2"作文教学以创建学生自主的语文实践活动为宗旨，在"三个课时"完成作文教学的安排中，第一课时"一导二写"中"写"的教学环节改进之处就是重点引导教师在实践活动中打破常规，教师在下达作文任务后组织综合实践活动，学生自主搜集素材并在取材、立意、起草、修改等过程中由教师给予引导和帮助，确保学生的作文实践达到最佳效果；而后两个课时的撰写和不断评改到最终完稿的过程，使学生跳出"教室学作文"的传统模式，新的作文教学模式所倡导的自主、体验、合作、探究的学习方式改变了学生被动学习作文的方法，学生沉睡的潜能在积极愉悦的课堂互动与课外实践活动中得到了唤醒，知识、技能以及情感、态度与价值观在潜移默化中实现了提升。

学生多渠道、多方式地学习作文的过程，也是教师由自己扮演教学中的"助推器"转向学生自己成为"发动机"的过程。此次教学在实验后教师们开始审视、反思这么多年以来墨守成规的教学模式。然而，越是新的作文教育尝试，对教师在理论知识体系方面要求更高，课题组也将要求每一名任课教师加强自身教学实践探索，提升作文教育教学水平。

学生在实验后也有了极大改变。通过一个学期的教学实验，教师引导实验班学生融入多姿多彩的生活，让他们感受生活中的一草一木、一花一叶，在独特的个性体验和感受中记录真人实事，抒发内心情感，为写作积累丰富生动的素材。在实验后，实验教学模式也在全校推广，学生们开始慢慢关注生活，关注身边的一点一滴并自觉地积累记录。课堂上，学生们大胆阐述对同学作文的意见及看法并提出各自的修改建议，作文创作与分享的兴趣逐渐增强，学生的观察能力得到了培养，思辨思维得到了扩散，语言表达能力得到了提升，心智也得到了启迪。

**（一）教师指导学生学会多角度、多层次地观察生活**

体验式写作要求教师把学生引领到更宽广的生活情境，扩大学生获取素材的社会空间。《义务教育语文课程标准（2011版）》（以下简称为"2011版语文课标"）指出，作文教学与生活体验要密切关联，学生要"多角度观察生活，发现生活的丰富多彩，能抓住事物的特征，有自己的感受和认识，表达力求有创意"。钱穆教授也特别强调写作需遵循"生活化"原则，即作文素材必须取自真实生活的体验，"学生各诉故事，或得之传闻，或经由目睹，或闻自家庭，或传自街坊，或有关附近名胜古迹、桥梁庙宇。择其最动人者，或赴其处踏看，或径直下笔。每作一文，必经讨论观摩，各出心裁，必令语语从心中吐出，而又如在目前"。

"问渠哪得清如许？为有源头活水来。"生活体验才是写作的动力与源泉，很多学生总是抱怨"三点一线"的单调生活缺少新鲜感——每天早上匆匆忙忙起床，匆匆忙忙吃几口饭，再匆匆忙忙地上学，按部就班写作业，一天天的生活如同粘贴复制，这样的生活毫无新鲜感，能体验到什么呢？学生生活环境单一、交际面窄、视野狭隘且阅历不足，这是不容忽视的现实。升学压力使得部分教师在进行课堂教学时过多地开展应试教育，甚至作文题目也选自各个地市的中考题，严重忽视了对学生体验意识的培养。要想改变作文创作素材单一的问题，教师不仅要把学生从封闭的学校和课堂中"解放"出来，更要让他们亲近自然、走进社会，在真实的生活中学会体验，去发现和感受周围事物的特性变化。当看到春天柳条舒展第一片嫩芽时，当看到秋天黄叶落尽、枝头挂满红柿时，当看到运动场上跳高选手纵身一跃时，当看到母亲满头黑发偶现一缕白发时，当在医院产房外等来弟弟妹妹的第一声啼哭时，只要肯迈出走进生活的第一步，每一名学生都会采撷到难以忘怀的独特记忆，而作文正是珍藏一段段记忆的最好形式。

那么，如何引导学生积极地多层次、多角度地观察生活呢？例如，学校教学楼前种了两棵柿子树，学生天天经过却没有细心留意过，于是课题组教师便让实验班学生利用课余时间去观察这两颗柿子树。于是，才有了学生笔下富有生命力的柿子树。

秋风似乎已经收到了冬的号令，席卷校园时掠走了几乎所有枝干的光彩，伶仃几个还算坚毅的叶片也失去了往日的光泽。而楼前两棵柿树却成了这个季节校园的主角，它们的枝干不是很直，树干上还有些歪歪扭扭的"疤"，倒不显得落魄，反而沧桑中透着遒劲。它们的树枝尽力伸向四方，每根枝条都挂满了红彤彤的柿子，大大小小的红灯笼仿佛在寒风中炫耀："你看，我可不像它们被寒风吓得缩头缩脑。"低调的柿树在繁盛的春夏从不宣扬自己，默默扎根，接受日晒，吸收雨露，终于在寒风中成为秋日一抹最亮丽的色彩。

这名学生在仔细观察的基础上，思维插上想象的翅膀，虚实结合，写出了一篇妙趣横生的文章。在平时的生活和学习中，我们要引导学生积极地融入生活，主动给学生创造条件，让学生走进生活，比如带领学生走进自然、亲近自然；鼓励学生发展课余爱好；让学生趁课余空隙或节假日，就某些问题进行一些调查访问，广泛地接触社会、接触各类人物……总之，教师要利用各种各样的手段和方法，努力使学生迈出自己"三点一线"的小圈子，让他们去感受生活的魅力，这样，他们在进行作文写作时才能从笔尖流淌出潺潺诗意。

## （二）重视评改环节，建立多层次评价方式

俗话说，"文章不厌百回改"。再独特的素材、再巧妙的构思、再得意的佳作也难免有瑕疵。任何佳作都离不开修改，哪怕是大文豪鲁迅先生，也是经过一百六十多次修改才完成了经典散文《藤野先生》的创作。我国著名作家、教育家叶圣陶先生认为修改文章的核心就是"在阅读中修改、在比较中修改、在思考中修改"。诸如此类，不一而足。因此，修改是作文教学中的一个重要环节，更是学生完成写作的必经步骤之一。很多一线教师，尤其是有经验的老教师，秉持"精批细改"的优良传统，在作文批改上付诸大量时间与精力，然而很多学生对这些洋洋洒洒的批注却漠不关心，对作文进行再修改的可能性微乎其微。"3-8-2"作文教学模式格外重视作文批改环节，不仅要改，还要反复改、多种形式地改，改完最终成稿才算是一次完整的作文写作课程。

### 1. 学生自我修改

语文新课标强调"根据表达的需要，借助语感和语文常识修改自己的作文，做到文从字顺"。"3-8-2"作文教学模式中，考虑到学生的实际情况，第一次"改"的环节是指学生完成写作后，自己进行通读并进行简单的修改，修改明显的错别字和不通顺的句子等。教师要着重培养学生自己改的能力，引导学生在三次读作文中完成三个修改目标：一是通读全文，看是否符合材料选择和材料组织的要求；二是默读习作，进行补充或删除让文意通顺；三是逐句逐段轻声细读，修改病句，完善表达。此外，教师建议学生把自己的作文读给同学、家长、朋友听，以求得他们的指点，从而把文章改得更生动、更切合实际。在反复读文章的过程中，学生逐渐学会发现问题、修改问题，提高了自己的语言表达与写作能力，养成了自主修改作文的良好习惯。

以下是一名学生进行作文自我修改后部分写作片段前后对照。

修改前：（诵读比赛）叫到我的时候，我缓慢地走上台，用颤抖的手接过队友的话筒，看着台下那一双双来自七年级同学的目光，我的心里顿时不安起来。我努力克制自己的紧张心情，迅速调整呼吸，脸色也渐渐恢复正常。

修改后：主持人通知我们候场时，紧张的心一下子提到了嗓子眼儿，我不由得攥紧了手中的诵读稿，脑海中飞速旋转着稿子内容，却越想越糊涂。当上一位参赛选手如释重负地把话筒递给我时，我双手颤抖地接过。第一次走上这么大舞台的我完全不敢直视台下的目光，每一步都走得很沉重。那闹哄哄的声响是他们在笑话我吗？无意中，我突然瞥见评委老师正冲我点头微笑，仿佛在说："相信你，你一定行！"就在这时，音乐响起，我那颗跳动的心随着音乐的节奏开始恢复平静，脑海中浮现出我要诵读的诗篇。我不再紧张，微笑着面对台下，握紧了话筒，吐出了第一句话……我终于顺利完成了第一次登台表演，台下经久不息的掌声就是给我最大的奖励。

**2. 学生间的互改**

在学生进行完作文自我修改后，更重要的是学生互评环节。在"3-8-2"作文教学模式中，对学生互评比重的调整是非常重要的。"不识庐山真面目，只缘身在此山中。"面对自己的作文，学生往往达不到最理想的修改状态，一方面是因为自身知识水平的局限，但更多情况下还是因为自己的认识角度受限，正所谓"自己的孩子哪儿都好"，看着自己辛辛苦苦完成的"得意之作"，往往难以发现其中的"瑕疵"。但换成学生间互改的方式，就可能收到意想不到的效果。互改既可以让文中的错别字、病句等"浮出水面"，也能让"小老师"们在阅读、评改过程中默默对比自己的文章，也在内心思考自己在文章构思选材、语言表达、行文结构上需要避免哪些问题，又可以借鉴哪些写法。

"3-8-2"作文教学模式建议教师把全班学生分为几个小组，学生在小组长的组织下进行讨论、评改，认真推敲，按照以下步骤提示完成修改任务：①甄别错别字；②修正病句；③判断作文的选材、立意是否符合要求、是否新颖；④判断文章中的语言是否富有表现力，对某些生涩的语句提出修改建议，并引导学生善用、巧用修辞；⑤对语句特点、写作特色等方面作出总结评价。在讨论、评改过程中，打破学生之间的思维壁垒，既能让改评者品读同学的作文并对其中写得好的地方予以吸收借鉴，又能让写作者在同学的评价下判断自己的作文情感是否真实，思想内容是否能唤起同龄人的共鸣，在褒贬的真实声音中获得进步。

**3. 师生间的互改**

（1）让教师评语成为师生双向交流的媒介。

重视学生自我修改和互评互改并不意味着要代替教师评改，而是要求教师更重视自己的评改对于学生提升写作能力所发挥的作用。传统作文以分数定评价的方式往往令学生感到自己没有受到足够的重视，进而打消了写作的念头。而"3-8-2"作文教学模式提倡体验式评价，希望教师从学生的作文中感受其字、词、句中所流露的思想感情，并将其融入自己对情感言语的体验进行评价，指导学生更好地进行作文的修改。可以采用第二人称谈心的方式来写评语，真心实意地倾注自己的感情，表达最真诚的关心。教师通过具体的体验式评改发现学生的情感体验，使得学生感受到体验式写作的魅力，点燃学生内在的写作激情，帮助学生实现自我超越。一段好的评语不仅是为了修改作文文本，还可以促进师生之间的情感沟通，其意义远远超出评价本身。

教师通过主旨中心是否明确、结构是否合理、语言是否得体、字迹是否工整等基础性评价放手去引导学生，对学生在情感、意识、心灵等方面的体验感悟给予评价。当学生的作文中流露出真实的内心想法时，教师可以回应："感谢你敞开心扉，直率与真诚是沟通的桥梁，感谢你对老师的信任！"当学生们身处困境时，教师们可以鼓励他们："竹杖芒鞋轻胜马，一蓑烟雨任平生。不经历风雨，怎能见彩虹？笑傲人生吧！"其实，对于老师的评语，学生最关心的往往不是技能、技巧的指点，他们更期待教师在字里行间表露的态度是关心还是冷漠，是鼓励还是漠视。学生的情绪乃至写作热情会随着评价内容而波动起伏。

（2）面批面改让教师评价有温度。

面批是作文教学中最典型的因材施教的方式，它可以使学生的修改情况得到及时反馈。批的是作文，交流的是情感。面批时，教师有针对性地对学生进行个别辅导。对于不会审题的学生，教师指导其总结审题规律；对于不知如何选取素材的学生，教师引导其多写周记、读书笔记、随笔等；对于不懂行文结构的学生，教师给其讲授起承转合的基本结构等。同时，教师应对学生作文的立意选材、谋篇布局、遣词造句等方面进行针对性点评，指出优劣之处，挖深说透，有的放矢，从而有助于学生提升作文自改能力。在面对面的交流中，学生明确了自改方向，获得了自改的动力。教师只有帮助学生树立自改意识，锻炼学生的自改能力，自改环节才不会流于形式。

在书面批阅的基础上，教师可以将平时作文水平较差的学生请到前面，让他们边读作文边说说自己的修改意见。有些学生或许看不懂批语，或提不出自己的修改意见，对此，教师都可以当面适时进行指导。教师要对其个性中的闪光之处给予真诚的鼓励，恰如其分地指出不足之处，使学生既感到这是朋友间的交谈，又感到这是老师对自己的教诲，这样，面批面改在不知不觉中就会产生无数个教育契机。当然，实际教学中，不是每篇作文都有机会获得面批，但至少全班每名学生在一个学期的教学期内都有机会得到面批。只有这样，教师对每个学生的作文学习情况才会有一个完整的评估，从而有利于学生全面、客观地认识自己的写作现状，在今后的作文写作中更有方向。

（3）赋予学生批改教师作文的机会。

作文教学的成功在很大程度上取决于教师自身，一名热爱写作的教师在自身有深厚文学知识积累的前提下，往往能带动起所教班级中学生的写作热情。许多教育专家都呼吁语文教师在作文教学中敢于尝试"下水文"。所谓"下水文"，即教师依照学生的认识水平和能力，从学生的生活经验、学习经验出发，以学生的口吻来写的文章。"下水文"往往在尊重学生身心发展规律的前提下，更契合学生的实际情感，在作文教学中能够发挥独有的指导作用。教师真正执笔写作，要比"居高临下"的讲解更具针对性，也更容易激发学生的学习兴趣。因此要想提高作文教学质量，教师就要重视并积极尝试"下水文"。

　　当教师与学生所写作文的题目一样、要求一样时，学生在遇到不想写作而又不得不写的情况下，就会期待自己与老师作品的比较，这必定对他们有激励作用（因为传统的写作教学教师是不写东西的，所以学生会觉得很新鲜、很有示范作用），无形中激发他们的写作热情。教师也在执笔过程中更清楚所写文章审题立意的难点在哪里，行文结构要注意的重点有哪些。如果教师从来不参与到写作中去，其评价难免有隔靴搔痒、胶柱鼓瑟之嫌，挠不到痒处，也就抓不住要害。教师有了丰富的写作体验，给学生讲评起来就会更具有针对性，学生的创作热情也会随之高涨。

### （三）对课题研究的思考

　　临近研究尾声阶段，课题组通过召开研讨会、交流会等方式，对课题研究过程所反映出来的各类问题进行了概括，并对课题研究成果进行梳理总结，形成具有可推广性的研究报告，最后将研究经验以课题成果汇报会的形式向全校推广。为了顺利通过结题验收，我们及时组织课题组成员将研究实验过程中的各种资料、学生优秀作文习作、教师发表及获奖的论文在全校进行展示。在课题研究过程中，我们得出了以下几点结论。

（1）作文教学要尽可能创造机会让学生摆脱局限，引导学生更多参与实践活动。"问渠哪得清如许？为有源头活水来。"受限于社会及学校对学生在安全方面的要求，教师虽无法独自带领学生走出校园，但可以鼓励学生在学业之余直接参与社会服务活动，增加生活体验；也可以通过阅读间接积累素材。只有体验丰富的学生才能在选材立意中另辟蹊径、独领风骚。

（2）作文教学评价体系与教学模式的革新一直在路上。传统作文教学以应试为主要目的的习作评价形式已经无法适应语文新课标提出的对作文教学的更高要求，也不利于培养学生的写作兴趣，遑论锻炼其写作能力。然而，传统教学的惯性会使得很多教师在实践过程中实现真正的转变，创新教学模式还有很长的路要走，我们课题组也将在未来的教学过程中不断摸索前行，进一步总结完善相应的教学模式，从而实现作文教学研究成果的进一步推广。

（3）教师的素质和能力需要培养与提升。教师不仅要有扎实的专业基本功、过硬的教育理论基础，对于作文教学，更重要的是教师要有较高的写作水平和文学素养。尽管学校工作繁杂，但也不能忽视教师的教学能力与综合业务能力的提升。在课题研究过程中，为了获得更丰富的资料，课题组教师要及时监测并统计实验数据，初步取得成效时要考虑如何总结推广，这些工作都是对教师工作能力的考验，但课题组依然鼓励语文教师拿出更多时间提升自我。

总之，本次课题研究中课题组成员都付出了心血、倾注了热情，也饱尝了艰辛，最终收获了丰硕的果实。课题报告已接近尾声，但课题研究尚未结束。在今后的工作中，我们仍将继续为作文教学改革不断探索、尝试，积累更丰富的经验，为教育改革付出应有的努力，也期待我们在教学之路上取得累累硕果！

### （四）主要成果

（1）课题组许崇光老师在期刊《中学生作文指导》（2020年第5期）发表论文《刍议初中语文写作教学的开展》，并荣获刊物教育科研成果一等奖。（CN:22-1095/G4，ISSN:1002-3860）

（2）课题组孔茜老师在期刊《中学生作文指导》（2020年第15期）发表论文《初中语文课堂教学读写结合策略研究》，并荣获刊物教育科研成果一等奖。（CN:22-1095/G4，ISSN:1002-3860）

（3）日照高新区中学刘金同学在日照市东港区教育和体育局举办的全区教育报刊"学用评"征文活动中荣获二等奖。（2018年12月21日）

（4）日照高新区中学刘悦然同学在日照市东港区教育和体育局举办的全区教育报刊"学用评"征文活动中荣获三等奖。（2018年12月21日）

（5）日照高新区中学韩思雨同学在日照市东港区教育和体育局举办的全区教育报刊"学用评"征文活动中荣获三等奖。（2018年12月21日）

（6）课题组孔茜老师在日照市第六届中小学生暑期读书征文活动中荣获教师组一等奖。（2019年12月26日）

（7）日照高新区中学于倩倩同学在东港区纪委建委机关、东港区教育局举办的"我的家风故事"主题征文活动中荣获三等奖。（2018年12月）

（8）日照高新区中学张曦同学在东港区纪委建委机关、东港区教育局举办的"我的家风故事"主题征文活动中荣获三等奖。（2018年12月）

（9）孔茜老师在日照市"创新让城市更美好"主题征文比赛中荣获优秀指导教师称号。（2019年2月）

（10）孔茜老师在"东港区第一届青年教师教学竞赛"中荣获三等奖。（2019年4月30日）

（11）郑笑同志在2018-2019学年度日照市东港区全区初中语文学

科优质课评选中荣获二等奖。（2019年10月）

（12）孔茜老师荣获北京华人少年儿童文化教育交流协会主办的"第十九届华人少年作文大赛"指导奖。

（13）马丽同学的《祖国在我心中》发表在"学习强国"平台的强国征文系列专题栏目中，指导教师是许崇光。

（14）吴晗同学的《国在我心》发表在"学习强国"平台的强国征文系列专题栏目中，指导教师是许崇光。

（15）牟正则同学的《忆往昔峥嵘岁月，致敬最可爱的人》发表在"学习强国"平台的强国征文系列专题栏目中，指导教师是相红瑛。

（16）司欣艳同学的《我自豪，我是中国人》发表在"学习强国"平台的强国征文系列专题栏目中，指导教师是郑笑。

**（五）参考文献**

[1] 余文森,刘家访.现代教学论基础教程[M].长春：东北师范大学出版社,2007.173-174.

[2] 中华人民共和国教育部.普通高中历史课程标准（2011年版）[S].北京：北京师范大学出版社，2011.

[3] 钱穆.八十忆双亲·师友杂忆[M].北京：生活·读书·新知三联书店,2005.

## 四、附录

附录1：作文批改记录、学生分组及备课卡的设计

小组批改记录 七 年级 (5) 班 一 组修批记录

| 组长 | 司欣艳 | 成员 | 司欣艳、田璐瑶、于新跃、郑德新 |
|---|---|---|---|
| 被批修的文章作者姓名 | | | 司欣艳 |
| 文章的写作情况 | 优点 | | 书写认真，语言优美，布局合理，立意深刻。 |
| | 不足 | | 有错别字，个别句子有点啰唆。 |
| 修批情况 | 优点 | | 认真负责，修批认真。 |
| | 不足 | | 有个别同学有完成任务就完事的倾向，没有深入文本。 |
| 组长推荐美文 | | | 《新的开始，新的征程》《新的校园，新的环境》 |

学生分组 七 年级 (5) 班学生分组统计表

| 序号 | 组长 | 成员 A | B | C | D | 备注 |
|---|---|---|---|---|---|---|
| 1 | 田璐瑶 | 于欣跃 | 郑德新 | 司欣艳 | 李欣宇 | |
| 2 | 张凡 | 朱彦红 | 李盈之 | 路睿希 | 郭江宇 | |
| 3 | 于子浩 | 朱彦红 | 张泰康 | 李子璇 | 王子涵 | |
| 4 | 梁十嘉 | 王晨 | 胡逸凡 | 贺梦瑶 | 周若祎 | |

作文备课卡

班级：七年级（5）班　　　　时间：10月13号

| | 主题 | 热爱生活，热爱写作 |
|---|---|---|
| 单元主题训练分析 | 内容分析 | （1）培养学生细心观察、勤于思考的习惯。<br>（2）培养学生热爱生活、热爱写作的意识。<br>（3）刚上初中，来到新的校园、新的教室，看到新的老师，结识新的同学，你一定有许多新的见闻、感受和想法，请拿起手中的笔把它写下来吧。 |
| 单元技巧训练重点分析 | 训练重点 | （1）让学生熟悉"3-8-2"有效作文教学模式。根据单元训练重点，有目的、有侧重、有方法、有步骤地制定相应的教学体系，更好地熟悉"3-8-2"的作文教学模式。<br>（2）让学生更好地适应"3-8-2"教学模式，在这种训练的基础上更好地提高自己的写作水平，让作文不再成为一件困难的事情，让学生从抵触写作文慢慢地过渡到接受，一直到喜欢上写作文；多种形式的评议更加提高了学生的写作热情。 |
| | 内容分析 | 本次写作的主题根据初一新生的特点确定。刚上初中来到新的学校，走进新的教室，见到新的老师，结识新的同学，孩子们一定会有许多新的见闻、想法和感受。教师在这样的前提下慢慢引导学生怎样写作文，让学生从亲身经历的事情着手写作，让学生写作文时有话可说、有事情可写，从而不再抵触写作。借助新的作文教学模式，通过多种形式的作文批改，能更好地调动学生写作的积极性。 |
| 训练题目 | | 《新的校园，新的环境》<br>《我是中学生了，感觉真棒》<br>《新的校园，新的同学》<br>………… |

续表

| | | 主题 | 热爱生活，热爱写作 |
|---|---|---|---|
| 写前指导 | | \<td colspan=2\> |  |

| | | 主题 | 热爱生活，热爱写作 |
|---|---|---|---|
| 写前指导 | 刚上初中，来到新的学校，走进新的教室，见到新的老师，结识新的同学，你一定有许多新的见闻、感受和想法，请拿起手中的笔，从中选择一个方面，把它写下来，字数不限。<br>提示：<br>(1) 写法指导。仔细观察生活，保持对事物的敏感和好奇心。<br>(2) 积累生活素材，不仅用眼睛看，更重要的是用心去思考生活。<br>(3) 选择自己最熟悉、最动情的生活经历进行描写。最熟悉、最动情的东西是自己亲身经历的，有真体验、真感受，要善于抓住人物的语言、心理进行描写，才能把文章写得"见人见物见精神"，才能描述生动。 |||
| 写作总结 | 优点 | (1) 来到了新的学习环境，每名学生都能写出自己的见闻。在第一遍自批时，学生基本能找出错别字和不通顺的句子。在同桌互批、小组互批环节，在学生相互批改的过程中文章中的句子更加通顺流畅，学生也学习到了很多写作技巧，能够取长补短、共同进步！<br>(2) 最后的展示环节，被展示作文的学生显得格外高兴，一方面激发他们的写作兴趣，另一方面也给其他学生树立榜样，更好地激发全班学生的写作积极性。 ||
| | 不足 | (1) 个别学生在同学互评、小组互评的过程中流于形式，没有做到认真检查、认真思考。<br>(2) 学生在书写方面还有待提高。<br>(3) 个别学生文章书写得不是很认真。 ||

# 第三章

## 未来的"大先生"从这里扬帆起航

建设一支高素质、专业化、创新型的教师队伍是每一所学校首先要解决的问题之一，也是新时代实现立德树人教育根本任务的必然要求。如果教师能根据自己的个性特点、兴趣爱好、专业特长为自己的专业发展选择合适的路径，学校在教师选择基础上能对其进行有针对性的培养，就能充分挖掘教师个人的潜能、特色和优势，为教师的成长提供最合适的土壤。教育的发展迫切要求教育研究者在教师专业发展方面进行更深层次的研究。青年教师专业发展对我校的发展至关重要，但从前期调查来看，我校中青年教师专业发展遭遇职业倦怠、没有系统的生涯规划、自主学习意识比较淡薄、缺少有效的自我评价反思和专业引领等诸多危机。尽管我校平时十分重视青年教师的培养，但尚未从专业发展这一高度去研究和关注教师的成长。青年教师快速成长走专业发展之路，才能有效增强我校教育实力，推进学校教育可持续发展。基于我校实际，我们以中青年教师专业发展为研究对象，开展"以学校为本的教师专业发展路径研究"项目研究工作，以学科组为切入口，尝试构建校本培训式、项目引领式、赛研式等多元化的教研模式，搭建教师专业发展平台；以教师专业发展为着力点，探索"遇难—合作—实践—反思"的教师发展策略；以教师自主发展权为根本，分类建构青年教师专业发展平台，满足教师个性化的发展需求。

## 第一节　以校为本的教师发展研究

### 一、研究问题

#### （一）研究的目的与意义

　　建设一支高素质、专业化、创新型的教师队伍是每一所学校首先要解决的问题之一，也是新时代实现立德树人这一教育根本任务的必然要求。教师是影响学校发展诸多因素中最核心和最活跃的因素，教师专业水平是提高教育质量的关键因素和重要保证。事实上，每名教师都有强烈的发展愿望，一旦发掘出教师这方面蕴藏的潜力，它就会变成一种优势，变成学生和学校可持续发展的活性机能和动力支撑。教师专业性的不断提升不仅有利于教师胜任本职工作，还能让其自身在教学实践和理论方面都得到更好的发展；对于学生来说，教师专业水平的提高，意味着教师教学技能、班级管理水平的提升，从而更有利于学生综合素质的提升，对于学生的终身发展是十分有利的。除此之外，教师专业水平提高有助于提高教师队伍的整体素质和水平，同时也能为打造有影响力的名师名校打下坚实的基础。由此可见，研究教师专业发展、建设高素质教师队伍，是教育改革的必然要求，也是学校可持续发展的重要保证。

从前期的调查问卷结果可以看出，我校中青年教师专业发展面临诸多危机。近几年新入职的青年教师几乎占我校教师的"半壁江山"，他们刚刚参加教育教学工作，其业务素质、教学能力、管理水平都亟待提升。针对此种现状，学校只有对青年教师进行科学的引导，给其加上发展自我的任务，给他们创建提升自我的平台，才能更好地帮助他们健康成长，从而打造出一支强有力的师资队伍。因此，寻找一条具有我校特色的教师专业发展道路就成了学校教师队伍建设一个现实而重要的课题，也是学校内涵发展过程中一项重要而紧迫的任务。

### （二）研究假设

本项目研究拟以学科组为切入口，构建校本培训式、项目引领式、赛研式等多元化的教研模式，搭建教师专业发展平台；以专业发展动力为着力点，探索"遇难—合作—实践—反思"的教师发展策略；以教师自主发展权为根本，分类建构青年教师专业发展平台，满足教师个性化的发展需求。

### （三）核心项目界定

"以学校为本的教师专业发展路径研究"中，"教师专业发展"是指教师"以个人成长为导向，以专业化为目标，以教师知识、技能、信念、态度、情意等专业素质提高为内容的教师个体专业内在动态持续的终生发展过程"，包含教师在其各自职业生涯过程中不断更新观念、提升工作能力的所有活动，这些活动是在校本研训和具体的实践、反思中完成的；"路径"是指从学校"学科组"建设入手，构建多元化的教研模式，以专业发展为着力点，探索"遇难—合作—实践—反思"的教师发展策略，以教师自主发展权为根本，分类建构青年教师专业发展平台，满足教师个性化的发展需求，探索适合教师专业发展的新路径。

## 二、研究背景和文献综述

### （一）研究背景

由于教师专业发展的程度对教育教学质量及学生身心发展有着重大影响，国内外众多教育学者对此进行了大量研究。美国部分学者认为，在教育的历史上从来没有像现在这样认可教师专业发展的重要性，当前任何一项针对改革、调整、学校变革的提议都将教师的专业发展视为一种努力促成所需变化的主要手段。

国外关于教师专业发展的研究由来已久。20世纪60年代末，美国得克萨斯大学学者弗兰西丝·富勒编制出《教师关注问卷》，自此便展开了对教师发展问题的研究。1972年，美国学者卡茨研究了学前教育教师的培训和发展，提出了"教师发展时期论"，把教师的发展分为求生存时期、巩固时期、更新时期和成熟时期四个阶段；此后经过大约5

年左右知识和经验的积累，有相当一部分教师成为业务精干型教师，其中部分业务精干型教师在以后的职业发展中成为专家型教师。20世纪70年代末，以伯顿为首的美国俄亥俄州立大学的一批学者，通过访谈研究，认为教师发展包含求生存、调整、成熟三个阶段，并提出了"教师生涯循环发展理论"。1984年，美国学者费斯勒提出了动态的教师生涯循环论，从整体上考察教师发展历程。

我国从20世纪80年代后期就开始逐步关注教师专业发展问题。1996年，台湾地区学者饶见维出版的《教育专业发展——理论与实务》一书在学术界产生了较大影响，成为我国学者学习和研究教师专业发展问题的重要文献。叶澜等教师的发展阶段理论是对国外一些学者相关理论的扩展和强化，对于职前教师的理论建构和认识更加全面、明晰，也就是说把20世纪60年代以来占据优势地位的"三关注"理论扩展到了"五关注"理论。这既是教师专业发展的时代需要，又是我国师范教育的特征所在，同时具有较强的实效性。

我校教师队伍中，近五年参加工作的青年教师的数量几乎占我校专任教师数量的一半。他们刚刚参加工作，业务素质、教学能力、管理水平都亟待提升。年轻的教师队伍同时存在着专业化程度不高的问题。不少教师专业发展意识淡薄，对于学习教材新内容、教学新手段、教育新思想等不感兴趣，又缺乏教学研究意识，在专业发展过程中缺乏主动性。这些问题给学校教育质量提升带来一定影响，已成为学校发展的瓶颈。因此，寻找一条具有我校特色的教师专业发展道路，就成为学校教师队伍建设的一个现实而重要的课题，也是学校内涵发展过程中一项重要而紧迫的任务。在此背景之下，我们开展了"以学校为本的教师专业发展路径研究"项目研究。

## （二）理论依据

### 1. 中小学教师专业标准

2012年，教育部研究制定了《幼儿园教师专业标准（试行）》《小学教师专业标准（试行）》和《中学教师专业标准（试行）》（以下简称《专业标准》）。《专业标准》是国家对合格中小学教师的基本专业要求，是中小学教师实施教育教学行为的基本规范，是引领中小学教师专业发展的基本准则，是中小学教师培养、准入、培训、考核等工作的重要依据，也是本项目研究最重要的理论依据。

### 2. 教师生涯循环发展理论

1979年，美国俄亥俄州立大学的伯顿、纽曼、皮特森、佛劳拉等学者提出了"教师生涯循环发展理论"。伯顿等人的研究率先以数据的收集、整理为基础推进研究，其通过数据整理而得出的研究结果无疑更具严密性和科学性。大样本的数据突破了以往访谈对象少、地区分布受限的束缚。

### 3. 教师发展阶段论

2001年，叶澜、白益民等学者以自我专业发展意识为标准，考察教师内在专业结构更新和改进的规律，把教师专业发展分为非关注、虚拟关注、生存关注、任务关注和自我更新关注5个阶段。

## 三、研究程序

### （一）研究设计

我校从实际出发，在国内外本领域研究的先进经验基础上，通过教师专业发展现状调研，以学科组为切入口，构建校本培训式、项目引领式、赛研式等多元化的教研模式，搭建教师专业发展平台；以专业发展动力为着力点，探索"遇难—合作—实践—反思"的教师发展策略；以教师自主发展权为根本，分类建构青年教师专业发展平台，满足教师个性化的发展需求。

### （二）研究对象

本项目研究的研究对象是我校中青年教师的专业发展。

### （三）研究方法

#### 1. 问卷调查法

项目前期调查的主要目的是了解中青年教师的现状、心理、存在的问题以及专业成长中的困惑，后期调查的主要目的是与前期中青年教师的专业发展情况做对比研究。

#### 2. 文献研究法

学习、探究相关领域的研究趋势，及时整理、借鉴其中的宝贵经验，使之更有效地服务于本项目研究。

#### 3. 个案研究法

个案研究法贯穿项目研究始终，课题组以学科组为单位，建立教师专业成长记录袋，对教师专业成长进行跟踪研究。

#### 4. 行动研究法

学校定期组织召开研讨会、教师专业成长论坛，组织听课、评课、说课、优质课、观摩课等活动，把相关实践研究与教师的教育教学活动结合起来。

#### 5. 经验总结法

课题组及时归纳总结研究过程中的体会和认识，把感性认识上升到理论高度，从中找出规律。

### （四）技术路线

本项目研究周期为四年（2019年7月—2023年7月）。

**1. 准备阶段（2019年7月—2020年6月）**

（1）学校成立项目研究小组，通过对我校教师专业发展现状及相关文献的研究，确定项目研究方向。

（2）确定项目研究的目标和任务，撰写项目研究实施方案，组织项目组成员讨论、修改、完善方案，并对其可行性进行论证。

（3）完善项目相关材料，填写申请审批书，申请项目立项。

**2. 实施阶段（2020年7月—2022年7月）**

（1）细化研究目标，制订项目研究实施计划，组织开题会。

（2）定期开展学科研讨活动，对教师专业成长的情况进行分析，对各阶段研究工作进行总结。根据研究的实际情况，对原方案加以相应的修改与调整。

（3）各实验教师严格按照项目方案操作，以教师成长档案的方式及时记录教师在成长过程中遇到的问题以及取得的成绩，积累项目研究过程中收集和形成的所有素材。

（4）收集、整理研究过程的相关材料，讨论、撰写项目中期研究报告。

**3. 总结阶段（2022年8月—2023年7月）**

项目组成员整理在实验过程中获得的原始资料及相关研究成果（如论文、个案等），对项目研究全程的工作进行反思、提炼，撰写项目研究总结报告。

## 四、研究发现或结论

过去四年以来，在市、区教科研部门领导和专家的指导下，我们通过理论学习和实践探索，解决了该项目研究中所要解决的实际问题，并针对这些问题总结相应的解决办法，记录下问题形成原因和解决过程中的收获。

## （一）搭建教师专业发展平台

### 1. 开展"专业阅读—分层培训—导师引领"的校本培训模式

（1）专业阅读涨智慧。教师专业阅读素养是提升教师人文素养的根本要求，是教师成长的一种方式和状态。当下教师的专业成长虽受多方因素的制约，但最根本的问题还是源于内部、源于自身。在项目研究过程中，我们首先建立有效的规章制度，为教师的理论学习和专业阅读创造良好的环境。我们将理论学习的时间纳入日常工作计划，将阅读活动纳入教师专业发展整体规划，定期开展学习交流活动，通过开展教育实践、课例分析、撰写教育叙事等活动加强教育教学研究，提高教育教学质量，使校园成为师生乐于读书的地方，使阅读成为教师内涵发展的有效途径。其次，我们针对教育教学中出现的问题以及当前的教育形势，有计划地组织主题学习活动：①进行对课程标准的专题学习。我校充分利用业务学习时间组织教师共学课程标准，使广大教师加深对课程标准的认识；②开展"好书共读"活动。学校向教师们推荐30本必读书的书目，这些书所涵盖的内容非常丰富，有听评课方面的（如《怎样听课评课》）、有关于教具制作方面的（如《教具制作与使用》）、有班级管理方面的（如《做幸福的班主任》）等。每月指定一本书，精研专家著作中的精髓；教师每两个月集中交流一次，以指定书目为交流话题，探讨相应著作或相应阅读篇章的主题，畅谈读书心得，分享生动、鲜活、充满个性的教育案例。这一过程既是对教师进行启发的过程，也是教师成长的过程。教师专业阅读能力的提升不仅帮助教师增加课堂教学的深度和广度，更重要的是教师可以在实现专业成长的同时成就自己的教育事业。

(2)分层培训强能力。在项目实践研究中，我们健全了教师专业成长培训体系和相关内容，探索开展了灵活多样的教师分层培训。分层培训是指教科研中心根据教师专业发展状况和个人专长，评估教师所需参加的培训，主要分为新入职教师培训、青年教师教学能力提升培训、管理人员能力提升培训、骨干教师高级研修、专题专项研修等。多形式、全方位、多角度的培训助力教师提升其有关教育的知识素养、教学实践技能和课堂教学艺术。

　　首先是新入职教师培训。

　　针对新入职教师教学经验不足、缺乏教学自信心等现实情况，我们将培训目标设定为合格教师，因此可以运用"青蓝工程"导师制提升新手型教师的教学能力。将经验丰富的教师任命为新入职教师的导师，新入职教师通过观摩学习导师的课堂教学增加教学经验。导师会针对新入职教师教学中的不足之处进行指导，使得新入职教师能够规范其教学。

　　其次是信息化专项培训。

　　新时代赋予了教育信息化新的使命，教师信息化培训自然也提上了日程。我们组织教师参加了日照市电教馆开展的"智慧课堂"等系列专题培训，通过各级信息化培训，教师熟练地运用现代信息技术助力线上教学、线上教研，不仅有效提升了课堂教学水平，也实现了教师信息化的自我发展。

　　教而不研则浅，研而不教则空。我们立足项目研究，将信息技术培训与应用常态化。全校范围内应用较为广泛的信息技术支撑软件主要有"才宝教育""云视讯""钉钉"等。我们针对如何使用这些平台对教师进行专题培训，经过培训，大多数教师能在网课中较熟练地使用平台的直播功能，能和学生自如地通过直播面板互动或连麦互动，使教学活动得以顺畅进行，取得了较好的教学效果。我们发现，即使在面对面讲课时，我校教师依然使用信息技术辅助教学，尤其在公开课、示范课中广泛使用。(其中已有五人在市、区教师信息化教学大赛中获奖)运用信息技术提高课堂教学效果的意识已深入人心,这不仅为教学改革开辟了新天地,也助力了教师信息化能力方面的专业成长。

(3)导师引领助成长。实施"青蓝工程"导师制,充分发挥老教师的传、帮、带作用,提升青年教师的师德修养、教学水平和科研能力。我们制定了"日照高新区中学青蓝工程导师制实施方案",方案中详细规定了指导教师和被指导教师的职责,如指导教师要做到"三带",即"带师德——以身作则,为人师表""带师魂——爱岗敬业,进取奉献""带师能——育人艺术,教学技法";制定了有针对性的培养方案,对被指导教师提出了明确、具体的要求,指导教师帮助被指导教师制订三年个人成长计划;指导教师每月帮助被指导教师备一次课、上一次示范引领课、听被指导教师一节课并做出导评,帮助被指导教师提高课堂教学能力等;被指导教师要在导师帮助下制订个人专业成长计划,并请指导教师指导备课、讲课,开展"小项目"研究,积极参加各种教学教研活动等。

在研究中,我校为每名青年教师都配备一名在教学、科研上业绩突出且经验丰富的导师,形成新老教师"结对子"的"导教"形式,为青年教师的成长搭建学习交流平台。学校"青蓝工程"考评小组每学年对被指导教师培养工作进行定量和定性的考评。根据考评分数设若干等级。对于完成职责的指导教师,被鉴定为优秀者可以认定为学校"优秀指导教师"和"学习积极分子",给予表彰奖励,同时优先推荐参加上级组织的评优、评先活动,优先晋职,优先安排参加省、市、区级骨干教师培训。不履行指导职责或指导效果较差的指导教师,不得享受学校所赋予的相关评优晋级待遇,并及时予以撤换。

我校还在"青蓝工程"导师制的基础上,实施"1名导师+1名骨干教师+N名青年教师"的阶梯式培养计划,发挥学校现有最优资源导师、骨干教师的辐射作用。例如，我校每年秋季开展"青蓝工程"系列校本教研活动：以学科组为单位，选好课例，分别由导师、骨干教师带领同学科的教师进行教材分析和学段学情分析；由不同教龄的青年教师进行讲课；两名青年教师分别展示同课异构课堂；参与活动的教师进行课堂观察、评课及写教学反思；导师就活动过程的情况进行实时有效的点评指导或做主题讲座。这样的教研活动既有利于教师切磋交流、探讨规律、实现目标，又能让教学异彩纷呈，还有利于教师各展所长，进行具有实效性的指导，所以说和导师、骨干教师面对面地交流是特别有效的教研形式。

**2. 实施"项目引领"促进教师专业发展**

（1）制度保障健全学校项目管理制度。我们制定了《日照高新区中学小项目管理制度》，鼓励教师申报校级小项目开展研究。我们按照学科特点鼓励教师申报"英语绘本阅读路径探究""数学小项目研究""小学思政课法治观念的培养研究"等校级项目，激发了教师的项目科研热情，有力地带动了教师科研能力的提升。教师申报项目，为自己的教育研究设定研究目标、内容，是开展教育科研、实现教师专业发展的有效途径之一。为了完成项目研究，教师需要查找相关专业书籍，寻求专业人士帮助，加强与研究伙伴的合作，开展综述分析，对研究项目提出自己的观点，制定具体并符合科学规范的解决问题的策略，最终解决问题。这样的科研过程无疑会大大提升教师的文化素养和研究能力，有力地促进教师在科研能力方面的成长。

（2）将小微项目的探索成果应用于中层干部培养和教师队伍建设，有效地促进教师管理能力方面的专业发展。例如学校教学管理中心引导教师直面教学中的问题，"新理念下语文课堂教学有效性研究""'双减'政策下学生分层作业研究"等顺教研组管理之"势"，落实双减课堂之"实"，让项目研究真正地扎根教学实践，形成了十多项科研成果。

学校学生管理中心依托"城乡接合部家庭教育问题与对策""班主任星级管理实践研究"等带动提高了我校各个班主任的工作积极性，有效促进了班主任们快速成长。校团委将学校共青团工作专业化及共享机制研究纳入小项目研究，电教处不断探索依托2.0信息技术提升课后服务工作的实践研究……小微项目的探索应用于中层干部培养和教师队伍建设，注重引领骨干教师专业成长，注重中层干部管理能力培养，在一定程度上促进了一批科研骨干、管理人才的成长，有助于他们管理能力和领导素养的提升。小项目探索研究已成为学校中层干部和骨干教师专业成长的新途径。

**3. 探索"赛研式"课堂教研模式**

"赛研式"课堂教研模式即以学科教研组为中心，引领教师开展提升课堂教学技能的学科赛课、高效课堂研讨等教学研究活动。

（1）"未来名师"赛课，促教师专业素养提升。以教研组为主阵地，以各级赛课为形式，学校积极开展学科素养提升行动，促进教师在专业知识和专业技能方面的成长。为加强青年教师教学队伍建设，提高教学水平，增进教师交流，同时培养青年教师严谨治学、爱岗敬业的精神，学校每学年都会举行各学科赛课活动，力求通过赛课活动加强青年教师教学基本功训练，有效提高青年教师课堂教学水平。每次活动都推出一批典型优课和优秀课例，及时对教师进行总结表彰，让青年教师在成长过程中享受教育成功的快乐，在收获的过程中增强前进的动力。我们把这些典型课例的录像和优秀课件放到"才宝教育"平台，供全校教师观摩、研究、借鉴和学习。这些典型课例和课件都是教师从备课组、教研组、学部、学校四个层面的比赛脱颖而出的，对教师专业成长有很好的示范和引领作用。

（2）高效课堂研讨助青年教师快速成长。学校组织青年教师参加高效课堂研讨教学沙龙活动，鼓励优秀青年教师分享成长之路上的心得体会，让青年教师在成长过程中享受教育的快乐，在收获的过程中增强前进的动力。学校每学期举行教研组长、学科带头人、教学能手、教学骨干与青年教师交流研讨会，就学科建设、特色教学、课堂教学、专业成长、学术教研等方面进行交流探讨，进一步发挥各教研组、教研组长在学科品牌建设中的引领作用，促进了不同学科教研组之间先进经验的传承和借鉴，同时也增强了青年教师对教研组活动的参与度，增强了教研组的凝聚力和活力，为青年教师的专业成长提供了适宜的土壤。

同时，我们鼓励并推荐优秀中青年教师积极参与省、市、区学科工作坊和各级名师工作室的课堂教学研讨活动，让他们在观察体验、学习思考、参与研究、实践总结中学习先进的教育理念、独特的教学风格、精妙的教学技巧、灵活的教学方法，不断打磨完善自己。

### （二）探索"遇难—合作—实践—反思"的教师发展策略

教师在教育教学过程中会经常遇到困惑与难题，如何巧妙地解决这些困惑与难题，关乎教师快速成长。为此，我们经过实验探究，摸索出"遇难—合作—实践—反思"的教师专业发展策略，实施过程如下。

**1. 收集问题，组建"问题包"**

这里的"问题"是指教师在日常教育教学活动中遇到的困惑、难点和热点。问题包的来源主要有两部分：一是来自教师在日常教学活动中遇到的困惑、难点和热点，二是来自学生日常教育管理方面的问题或困惑。这两部分由学校教导处汇总，组建成问题包。

**2. 分类整理，投放问题**

首先，根据问题内容分成三个维度：一是教师课堂教学方面（依托集体备课，以备课组、教研组教研活动为载体）；二是学生课上听课、课后作业方面；三是班级学生管理、家校沟通等方面。其次，教导处组织各学科教研组长根据问题包中的问题，寻找相关资料并与相关人员进行讨论，从中筛选出能反映当前教育教学难点且大部分教师都比较关注的问题，对问题进行正确合理的表征，进而确定合作研讨的问题焦点，分别投放到教研组、年级组长和班主任处进行商讨。

**3. 合作交流，解决问题**

以教研组教研活动、年级组交流会和班主任交流会为载体，确定主持人来负责组织相关问题的合作交流，由主持人介绍合作交流的流程，明确活动中各个角色所承担的任务。组织教师充分发挥纵向思维作用，互动讨论，探索寻找解决问题的方法、路径。

**4. 实践验证，反思完善**

学校安排指导在教育教学过程中遇到类似困惑与难题的教师，在以后的教育教学实践中按照相关探究结果加以实践、验证并不断完善。

以语文教研组"周三研讨日"为例：语文教研组每周三下午进行"遇难—合作—实践—反思"教学研讨会，每次请一名教师谈谈自己在教学中遇到的问题以及自己尝试解决的方法。比如，韩老师指出，一年级学生识字（尤其形近字）教学难度较大，有些字很多学生不能正确区分。于是韩老师尝试用随文识字的方法教学，效果明显。在周三研讨日，韩老师提出"低年级如何进行有效识字教学"的问题，教师们经过研讨，认为首先要了解学生识字的基本情况，再进行有针对性的多种识字方法的教学，如设计识字教学教具、设置生活场景让学生识字等。研讨会后，低年级教师根据研讨方法尝试进行识字教学并不断对识字方法进行修正，最后由韩老师形成关于识字教学方法的相关材料，其制作的"熊猫识字"教具在山东省中小学优秀自制教具展评活动中获得二等奖。

通过实践，我们发现以教师专业发展为着力点，"遇难—合作—实践—反思"的教师专业发展策略加深了教师对课程理念的理解，使抽象问题转化为具有可操作性问题，有利于教师进行经验交流、思想碰撞，有利于教师态度和技能的迁移，增强了教师专业发展内在动力，有效地提高了教师教学水平，实现了教学方式的变革。

**（三）以教师自主发展权为根本，分类建构青年教师专业发展平台，满足教师个性化发展需求**

教育改革的深入推进要求学校改变以往"千校一面"的局面，学校要走上特色发展之路，就需要教师有不同的专业发展方向。教师要能根据自己的个性特点、兴趣爱好、专长特长为自己的专业发展选择合适的发展方向，而学校在教师自己选择的基础上能对其进行有针对性的定向培养，这样既符合教师个人的成长轨迹，也有利于学生的发展，同时也能为学校打造有影响力的名师打下坚实基础。我们在分析我校教师发展需求的基础上赋予教师自主发展权，分类建构青年教师专业发展平台，满足教师个性化发展需求。

**1. 落实教师专业发展自主发展权，实现教师专业发展方向自主化**

教师专业发展自主发展权主要体现在以下两个方面。

（1）教师自主制订个人专业发展规划。根据前期实践研究发现，建立教师个人成长档案能更好地记录教师的成长。于是我们建立了青年教师"评价记录式"专业发展电子档案管理制度，要求教师根据自己的专业、兴趣选择确定个人专业发展目标，制订三年"2019-2021教师发展规划"，教研组长或者教科研中心会对每名教师个人发展规划工作情况进行跟踪指导并做总评价。在评价基础上，教师发扬各自优势，自主改进不足之处。教师个人如实记录班主任工作、教研活动、读书学习、教学故事以及教育论文等实践活动。通过教师档案，我们发现大部分教师的记录内容翔实，可见反思改进工作扎实有效，成长点涵盖专业成长过程的方方面面，初步实现了自我规划的专业目标，有力地促进了教师自我专业成长。

（2）教师自主开发校本课程。项目实践中我们发现，教师根据自身专长自己或组建团队开发课程，或与社区家长充分挖掘当地、本校课程资源开发课程。通过开发校本课程，教师会更自信，更有满足感、责任感和成就感。项目研究初期，我校教师自主开发了80多门课程，经过校委会专家论证、教学实践和后期改进，最终保留了50多门校本课程，形成了"七彩校本"系列课程，如"科技小活动""动植物标本的采集与制作""京剧进课堂""七彩田径""七彩诗韵"等。校本课程的开发和活动的开展，满足了学生发展的需要、帮助教师实现了自我成长。如姜在同老师带领科技活动小组学生参加第三十五届山东省青少年科技创新大赛，其作品"三至六年级学生视力影响因素调查"获得青少年科技实践活动一等奖；刘祥娟老师开发的校本课程"诗词中国——七彩诗韵"获得日照市校本课程设计优秀案例一等奖；姜启渝、许晓艳、赵晓老师带领戏曲剧组小演员们排演的《海曲小英雄》获得2019年山东中小学校园艺术节合唱戏剧专项展示活动"优秀实践教学成果奖"；刘慧老师指导文学社学生多次参加市区征文比赛并获奖。

**2. 分类建构青年教师定向专业发展平台，满足教师个性化的发展需求**

为满足教师个性化的发展需求，促进青年教师快速成长，我们制订了《日照高新区中学青年教师定向专业发展平台构建培养计划》。在定向专业发展平台，只有新教师的入职培训是学校强制要求相关教师参加的，其目的是让新教师尽快适应学校工作，早日成长为"合格"教师；其他平台本着尊重教师自主选择的原则，兼顾学校发展需要，采用了双向选择的策略。

（1）教学能手专业发展个性化定向培养平台——骨干教师培训班。（含新入职教师的培训）通过调查发现，大部分教师专业发展目标是成为教学能手，为此我们安排了很多专业学科课程，如名校访问、名师讲课、读书交流和讲座报告等。为了有利于骨干教师的智慧分享，我们在本校安排了"异课同构"听评课活动，主要突出共同研讨，把听课感悟作为教师的研讨成果。科研能力的提升主要通过小项目研究来完成，用科研来提升教师的文化素养和研究能力。通过教学能手个性化定向培养平台，我校培养了12名区级教学能手和8名校级教学能手。

（2）优秀班主任专业发展个性化定向培养平台——班主任工作坊。为了扩大班主任队伍、培养更多的班主任后备力量，我们以班主任工作坊活动为依托，交流经验、研讨问题，每月开展一次班主任工作坊活动，请优秀班主任走上讲坛，结合自己的工作实际，多方面、多角度地与大家分享自己的工作成果。同时，班主任可以在工作坊中提出一些比较棘手的问题，共同研讨，用集体的智慧想出对策。通过班主任工作坊这一平台，我们将优秀班主任集合在一起，提升其理论素养及解决实际问题的能力。通过班主任工作坊，三年来我校培养了八名区级优秀班主任和十余名校级优秀班主任。

（3）科研骨干专业发展个性化定向培养平台——教师科研联盟。据调查结果来看，选择"科研骨干"发展目标的教师比较少，所以自主选择这一发展目标的教师是非常难能可贵的。因此，我们坚持自愿的原则，成立了"教师科研联盟"，给予学校科研教师一个交流的平台，并以学校大项目带动科研骨干团队的建立，以小项目研究带动更广范围教师的参与，用实实在在的研究成果不断壮大参与科研的教师队伍，激发他们的科研热情，从而带动教师科研能力提升。

以学校为本的教师专业发展路径实践探索使很多教师在专业发展的路径上有了更多的自主选择权，也有了更大的积极性与创造性。教师在提升自身专业发展水平的同时，收获了更高的从教的成就感和幸福感。对于学校而言，我们在构建多元教研模式、探索"遇难—合作—实践—反思"的教师专业发展策略、分类建构青年教师专业发展平台，促进教师专业发展的同时，也收获了一支"讲奉献、讲大气、讲学术、讲合作"的教师队伍，学校的教育教学质量得到不断提升。

## 五、项目研究分析讨论

我们项目组采用调查问卷方式针对我校教师的专业发展做了两次对比研究,在前期阶段采用了线下匿名的"教师专业发展状况调查问卷"形式,后期使用"问卷星"进行调查。经过本项目四年来的实践探索,通过对相关数据进行整理、分析,对比两次调查结果,我们发现我校教师的专业发展状况均有所提升。

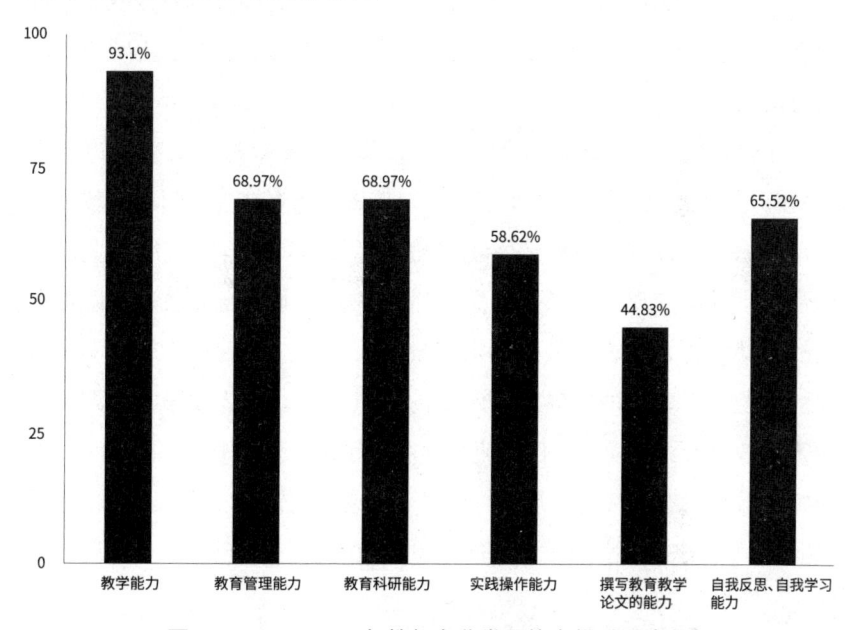

| 能力类别 | 百分比 |
| --- | --- |
| 教学能力 | 93.1% |
| 教育管理能力 | 68.97% |
| 教育科研能力 | 68.97% |
| 实践操作能力 | 58.62% |
| 撰写教育教学论文的能力 | 44.83% |
| 自我反思、自我学习能力 | 65.52% |

图1 2019—2021年教师专业发展能力提升示意图

其中,认为课堂教学能力提高的教师占比达93.1%,比前期提高了33%;认为教育管理和科研能力得到锻炼和提高的教师占比为68.97%,比前期分别提高了12%和25%;认为自我反思、自我学习能力有所提升的教师占比达到65.52%,比前期提高了32%,教师的专业知识、专业技能、专业态度以及反思意识均有所提高。

从教师对自身专业发展的认识来看,认为制订教师个人专业发展规划"很有必要"的教师占比达到100%，比项目前期调查提高了46%，这说明我校教师对自身的专业发展十分重视，有着强烈的需求。通过调查，我们发现有近半数教师认为"内因"是发展变化的重要因素，教师们尤其看重自己后天的努力，即教师的专业发展；大约有65%的教师能够主动研修学习，并有明确的专业发展规划与目标；75.86%的教师喜欢提升自我修养，提高教育教学质量；62.07%的教师的专业发展目标是成为学科教学能手。从数据分析结果来看，本项目的实践研究激发了教师进行专业发展规划的热情，他们对自身的专业发展也有了更明确的规划与认知。

在教师教学后反思状况调查中，选择"总是反思"的教师占比为37.93%，"经常反思"的教师占比为62.07%，调查结果表明没有教师不进行反思。通过调查我们还发现，超过半数的教师自主发展的主动性增强了，具体表现为在教学反思之后，多数教师都能有意识地调整自己的教学行为，这说明教师能根据教学的需要，灵活地处理教学中出现的问题，有较强的提高教学水平的思想动机。教学过程中，大约有44%的教师能够主动与同伴交流教学业务问题；教学中遇到困难时，有98%的教师能够与其他教师进行探讨交流或个人钻研。从调查结果来看，"遇难—合作—实践—反思"的自主发展策略是适合教师专业发展的方法之一。

从调查结果来看，近四年来，100%的教师认为参加教研活动大大提升了自己的专业发展水平，89%的教师认为名师引领、骨干引研起了很好的模范带头作用，同时加强业务学习、加强自我反思也是提升教师专业水平的方法。因此，有效加强教研组建设，提高教研活动的实效性，发挥名师引领、骨干引研的作用是我们应该一直思考并在以后的项目中需要继续加以解决的问题。

本次调查还显示，每天能够进行半小时以上阅读的教师占到受调查教师总数的 48.28%，且多以专业性科研书籍为主，教师撰写论文的比例相对提高，近四年发表 3 篇论文以上的教师占比为 13.79%，发表一至两篇论文的教师占比达 86.2%，论文发表在市级以上刊物的教师占比达 82.7%。从对比数据来看，在项目研究过程中，教师的专业理论知识学习、论文撰写能力虽有所提高，但仍然需要持续学习。

### 六、研究的思考与未来建议

通过项目研究，我们发现教师专业技能、科研意识、反思学习能力等都得到了提升，也从中探索出适合我校教师专业发展的路径。尽管项目研究已取得了一些成果，但工作中还存在着不足，例如项目研究过程中缺少专家和专业技术人员适时的指导，专业性问题不能得到及时有效的解决，同时如何发挥名师引领、骨干引研的作用是我们应该一直思考并在以后的项目中持续关注的问题。项目研究过程中要及时梳理实验过程中获得的成功体验，持续形成文字材料，积极参加教科研成果评选活动，推动该项研究在深度和广度上得到发展。

## 第二节　开发若干教师信息采集工具

### 一、教师专业发展需求调查问卷

尊敬的老师：

您好！为了全面了解教师们实际的专业发展需求，以便学校更好地为教师提供专业发展平台，学校设计了此次问卷，为此，您提供的信息将十分重要。请您根据自任教以来自己教育教学的实际情况如实作答。

谢谢您的合作！（请在相应的选项上打√）

## （一）基本情况

1. 性别（　　　）

2. 教龄（　　　）

3. 任教学科（　　　）

4. 您现在的职称（　　　）

5. 您的最高学历（　　　）

## （二）教师专业发展状况

1. 您是否担任过班主任（　　　）

　A. 是　　　　　　　　B. 否

2. 您任教过几门学科（　　　）

　A. 1门　　　　　　　B. 2门

　C. 3门及以上

3. 您认为学校的科研气氛（　　　）

　A. 很浓厚　　　　　　B. 一般

4. 您对教师职业的态度是（　　　）

　A. 热爱，愿意终生从事　　B. 比较喜欢，愿意努力

5. 您的教师专业发展目标是（　　　）

　A. 成为特级教师　　　　B. 成为教学能手

　C. 成为骨干教师　　　　D. 成为学科带头人

　E. 提升自我修养，提高教育教学质量

6. 您工作中最大的困惑是（　　　）

　A. 付出与回报不成比例

　B. 工作成绩得不到表扬与肯定

C. 学生难教，成绩不理想

D. 自身业务素质和创新工作能力欠佳

7. 要建设学习型教研组，您认为首先应该培养（　　）

A. 读书和学习习惯　　　　B. 教学实践能力

C. 教学反思能力　　　　　D. 现代技术应用能力

8. 您每天阅读时间（　　）

A.1 小时以上　　　　　　B.0.5—1 小时

C. 不足半小时

9. 您的主要阅读内容是（　　）（可多选）

A. 教学参考　　　　　　　B. 小说

C. 教育理论　　　　　　　D. 文史哲

E. 时政经济金融　　　　　F. 休闲消遣

10. 您每年参与公开课（研究课、示范课）的情况是（　　）

A.5 次以上　　　　　　　B.4 次

C.3 次　　　　　　　　　D.2 次

E.1 次　　　　　　　　　F. 无

11. 您备课方式用得最多的是（　　）

A. 集体备课　　　　　　　B. 广泛参考并结合自己的设计

C. 根据学生的实际情况　　D. 基本按教材组织教学

12. 您负责或参与课题情况（　　）

A. 全国级　　　　　　　　B. 省级

C. 市级　　　　　　　　　D. 县级

E. 校级　　　　　　　　　F. 不参加

## （三）简述题

1. 在您的专业成长过程中最困扰您的问题是什么？为什么？

2.您自己的专业发展目标方向是什么？您是如何规划的？

3.您希望自己在教师专业发展领域中哪方面能得到进一步成长？

## 二、教师专业发展状况调查报告

### （一）问题的提出

教师专业发展已经成为教育改革的趋势。然而在过去的教育实践中，有的教师肤浅地认为教师的存在只是为了向学生这一中心群体进行单向的知识传递，而忽略了教师专业成长这一重要环节。教育的发展迫切要求教育研究工作者在专业发展方面进行更深层次的研究。

青年教师专业发展对我校的发展至关重要。青年教师的专业成长过程是客观条件与主观努力共同作用的过程，有其自身独特的规律。就我校而言，尽管平时十分重视青年教师的培养，但尚未从专业发展这一高度去研究和关注青年教师的成长。青年教师需要快速成长就必须走专业发展之路，只有这样，才能有效增强我校教育实力，推进我校教育工作可持续发展。

我校"以学校为本的教师专业发展路径研究"课题研究工作已全面展开并取得了一定的成绩。本次进行了教师专业发展状况调查，调查数据的完整性和准确性可为课题研究顺利进行提供有效保障。

### （二）调查目的

深入学习、实践科学发展观活动在学校的开展必将有力推动学校科学发展。实现学校科学发展，应该落实到教师专业发展和学生全面发展的基础上，而教师专业发展是学校科学发展最有力、最直接的动力。

对我校教师专业发展情况进行专门调研，目的在于了解我校教师的专业发展状况，更好地把握教师在专业发展方面的需求和特征，探索新形势下"有效推进教师专业发展"模式，为寻求富有针对性的促进我校教师专业发展特别是有效教学技能的实践策略奠定基础，更好地促进教师专业发展，从而推进学校教育又好又快发展。

### （三）调查方法与工具

结合我校教师队伍的实际情况，我们拟定了调查问卷，对全校教师进行调查。问卷主要从教师的基本情况、教师对自身专业发展的认识、教师的专业知识与技能、教师的教学反思能力、教学交流和教科研活动以及教师需要学校创造的条件等多个方面着手。

本次调查发放问卷112份，收回有效问卷100份。

### （四）统计结果与分析

**1. 教师的基本情况**

我校教师的年龄分布比较均衡，既有经验丰富的中年教师队伍，又有一群朝气蓬勃的青年教师。从整体上看，教师思维比较活跃，新的教育理念和教学行为比较容易被教师接受。从学历层次看，具有硕士研究生学历的教师占比为10%，这表明我校教师整体学历层次较高，教师主动学习、持续发展的意识较强。

**2. 教师对自身专业发展的认识**

我校教师对自身专业发展有着强烈的内在需求。54%的教师比较重视自己的专业成长，但25%的教师表示听从学校领导安排，缺乏自觉性、主动性。有近半数教师认为内因是自身发展变化的重要因素，教师们尤其看重自己后天的努力，如32%的教师选择主动研修并有明确的目标；

认为学校环境是教师专业发展重要外因之一的教师占比为 31%；其次是专家引领，占比为 26%；借助网络占比为 23%。26% 的教师认为同伴互助是最适合自己专业发展的途径，这说明校内教师有互帮互学的良好教风。62% 的教师认为工学矛盾严重阻碍了自己的专业发展。此外，认为自身学习、研究意识不强，理论修养不高的教师占比为 25%；认为校本研修机制尚未完善的教师占比为 18%；认为教师存在职业倦怠的占比为 17%。这些都是阻碍教师专业发展的主要因素。

**3. 教师的专业知识与技能**

教师目前最想学习、最需要的知识依次是与教学方法、技能相关的知识（占比为 34%）、与所担任学科相关的学科知识（占比为 37%）、信息技术与学科整合知识（占比为 28%）、有关学生身心发展和评价的知识（占比为 30%）、与教育科研有关的知识（占比为 24%）。

在教学中，有 95% 的教师经常使用电视、广播和网络资源辅助教学，这说明我校教师具有较强的运用现代教育技术的意识和能力；教学参考书依然是教师运用最广泛的教辅材料，选此项的教师占比为 43.8%；仅有 3% 的教师经常使用社区、生活资源，这说明学校教师比较缺乏将教育融入生活的意识，不能充分利用社会资源为教育教学服务。

在被调查的教师中，有 46% 的教师认为需要增强对教学内容进行合理组织加工的能力；38% 的教师认为需要学习如何选择恰当的教学方法；21% 的教师表示自己缺乏与学生的有效交流，尤其是任课教师很少有时间和机会与学生进行深层次的交流；20% 的教师认为自己欠缺制定科学合理的教学目标的能力。

在新课程实施过程中，很多教师对于如何开展教学科研感到困惑。37% 的教师认为自身缺乏教科研能力；24% 的教师希望增加能加强多媒体技术运用能力的学习；22% 的教师希望提高学科信息接纳能力。教师们对如何评价学生以及对与同事合作交往的能力都表现得比较自信。

#### 4. 教师的教学反思能力

在完成一节课的教学后,教师最常使用的反思方式即在脑子里回顾一下,选择此项的教师占学校教师总人数的37%;和同事就某些问题展开讨论的教师占19%;在教案后面写几行感想的教师占8%;11%的教师会征求学生对本节课的意见;只有12%的教师会系统思考教学并把思考的内容写下来,这说明教师比较缺乏教学经验总结并对自身成长历程进行记录的意识,个别教师甚至从教以来从未主动写过教学反思。

在开展教学反思时,有12%的教师不知道如何表述;6%的教师不知道反思什么。可见教师的理论水平有待提高,须多读教育类书刊增加知识积累。但调查结果显示,只有35%的教师有计划地选读专业著作;14%的教师一年能读2本以上专业著作;49%的教师只是偶尔看看;2%的教师一本专业著作都不读。

教学反思之后,多数教师能有意识地调整自己的教学行为。43%的教师认为一定能调整;59%的教师认为有时能调整。不存在认为不能调整自己教学行为的教师,这说明教师能根据教学的需要,灵活地处理教学中出现的问题,有较强的提高自身教学水平的动机。

#### 5. 教学交流及教科研活动

从调查结果来看,教师普遍具有开放的心态和交流意识,能在教学中取长补短、互通有无。50%的教师经常与同行交流经验或看法;43%的教师有时与同行交流;6%的教师有其他形式的交流;不存在不与同行交流的教师。对于适合自己的研修方式,29%的教师选择研习优秀教学案例,29%的教师认同集体备课,23%的教师喜欢专题培训,20%的教师借助专业引领。

如何有效加强教研组建设,提高教研活动的实效性,是我们应该思考并加以重点解决的问题。同时,在开展课题研究时,学校可以考虑如何进一步调动教师参与研究的积极性,吸引更多的教师加入课题研究队伍，鼓励教师进行多种形式的校本研究，开发校本课程，编写校本教材，为教师的专业成长搭建良好的平台。

**6. 促进教师专业发展的途径**

调查数据统计结果表明，教师希望学校能通过以下途径促进教师的专业发展。

（1）邀请专家开设相关课题讲座，对教师开展教育教学研究方法方面的指导。

（2）多组织教师外出参观、学习先进地区和学校的经验，直观感受他们的教育成果。

（3）希望能与名校结对，推选学科骨干，组织业务竞赛。

（4）加大经费支持力度，采取一定的奖励措施激发教师专业发展的动力，形成积极向上的学习氛围。

### （五）存在的问题

**1. 很大一部分教师在专业发展方面遭遇"高原期"**

教师生涯发展的高原期对应年龄大约在35—45岁，这时期的教师已经从教十多年，积累了一定的专业经验，但常因自身有一定的经验及资历而产生自以为是的心理，也会因"职称"到顶而不思进取；或凭借"小环境"的显赫成就而骄傲自满，抑或满足于已有的成就或地位，产生职业倦怠心理，从而失去进一步发展的动力和可能。这表明大部分教师对自身专业发展缺乏思索，没有形成系统的生涯规划，满足于现状，教育理念不鲜明。还有53%的教师认为教学工作使自己感觉很疲惫，下班后不愿再想学校的事情。这些都表明我校教师普遍存在职业倦怠心理，有相当一部分教师处于自身职业高原期（或称平台期）。

**2. 教师本体缺少及时进行自我反思的精神**

教师缺乏自我反思精神的原因大致有两个：①教师忙于日常教学，

无暇反省；②教师自主学习、自主研究的积极性不高。调查结果表明，很多教师自身缺少积极进取的强烈动机，学习欲望不强烈，自主学习、自我反省意识比较淡薄，这与教师专业自主发展的要求存在较大距离。

### 3. 教师群体缺乏有效的学习交流和专业引领

23%的教师认为目前工作中存在的主要问题是缺乏有效的合作伙伴和合作氛围，缺乏理论支撑，教师理论学习机会少；70%的教师对专家和同事听自己的课不持积极态度；教学中遇到问题请求帮助时，64%的教师没有选择请教专家。由此可见，教师对专家的认同感不高，专家与一线教学距离较远，一些专家教师未发挥引领作用。

## （六）建议与对策

总结上述各项调查，我们认为我校在促进教师专业发展方面已经做了许多工作，学校教师的专业发展已经有了良好的基础。下一阶段，我们要不断探索促进教师专业发展的规律，构建适合本校文化特点的发展机制，为教师专业发展提供优良的环境。学校在教师专业发展过程中处于极其重要的地位，它不仅是培养学生的场所，还是教师专业成长的"基地"。教师所任职的学校是其专业发展的主要环境，教师的专业能力主要是在教育教学实践中逐步形成并发展的。构建有利于教师专业发展的学校、促进教师专业团队成长是一个长期的过程。在这个过程中，我们要注意以下一些问题。

### 1. 科学具体的教师生涯规划是教师发展的重要保证

现如今大部分研究都从学校管理者的角度出发为教师安排学习内容、制定考核标准，这使很多教师都在被动地接受学习，未能因人而异地制定适合自身专业发展的个人目标，这对教师的终身发展有着不良的影响。"凡事预则立"，教师应根据自身的优点和长处，学会科学地制定目标，以保证自己少走弯路，快速发展。学校帮助教师明确自身的地位、价值以及今后发展方向的可能性，便于他们结合自身特点制订合理的个人发展规划，在此基础上学校制定出科学的教师发展目标体系。在此目标体系的引导下，教师建构个人年度成长目标。

**2. 进一步搭建有利于教师专业发展的交流平台**

（1）重视制度保障。教师的专业发展，应该是全体教师的发展。学校要以教研组、备课组为单位，通过对全体教师的教科研需求进行调查，形成一种自下而上的教师教学研究的启动和支持体系。要在制度层面上将开展行动研究作为促进全体教师专业成长的一个重要举措，从而促进每一名教师走向成功，实现教师整体的专业成长。

（2）注重骨干引领。骨干教师是促进学校内涵发展的宝贵财富。学校一方面要制订骨干教师培养计划，加大对骨干教师培养的力度；另一方面要充分发挥骨干教师的引领作用，通过师徒结对、教学示范、经验介绍、专业讲座等形式为广大青年教师提供专业发展路径。

（3）形成专业发展共同体。教师都工作在教学一线，有着共同的经历，也面临着类似的问题。因此，形成专业发展共同体，搭建各种形式的教师交流平台，显得尤为重要。

学校要继续抓实"以校为本"的教师专业发展研究，以学科教研组为单位，开展教研教改活动。（如学校一直坚持的师徒结对给予了教师相互学习、切磋以获得共同提高的机会）学校要让教师有机会走出校园，加强与其他教师间的合作、探讨，进而促进教师队伍凝聚力的提升，如有计划地组织教师到各校观摩学习。学校要加大校园网络平台建设，扩大教师交流空间，为教师专业发展开辟新途径。

**3. 进一步构建有利于教师专业发展的培训体系**

教师的专业发展是一个持续发展的过程，专家的智慧引领、同事的合作互助、应势而生的各种形式的培训，都是教师专业成长过程中的

"加油站"。在培训的内容与方式上，学校要注重教师个体的学科性与差异性，比如实行分层培训，对于教龄短、教学经验欠缺的青年教师可采取集中培训的形式，给他们提供更多观摩名师讲课、聆听专家报告的机会；而对于已经形成一定教学经验和风格的教师则可以采取互动式教学等校本培训方式。此外，学校要通过开展积极有益的读书活动激发教师的学习兴趣和热情，让读书成为支撑教师专业成长的支点。同时，要加强校本培训，特别是针对同一学科的"组本"培训。对于教师的专业发展，学校不仅要关注教师通过理论学习获得知识积累，更应重视教师在实践中获得智慧成长。学校要加强校本培训、组本培训，提高培训的针对性和实效性，调动教师参与培训工作的主动性和积极性，把校本培训落到实处。在教育行动研究过程中，教师的教学、研究和培训得到有机结合。

**4. 进一步推进教师专业成长的教学实践**

教学实践活动是教师发展成长的关键。教学实践是内外因作用于教师发展的聚焦点，也是推动教师成长发展的直接与现实的考量。在研究过程中，我们以开展各种科学研讨活动为主渠道，以学科教研组为抓手，推进"一课例多阶段多反思"的案例研究，实施新老教师互动的传、帮、带为主的结对策略，开展青年教师基本功对抗赛及随机的课堂教学展示等教学研讨活动，通过有效实践，让青年教师的综合教学能力得到充分锻炼、才华得以充分展示，从而得到成功的体验、同事的认同、领导的赏识，以期获得进一步的发展。如此形成一种良性循环，既满足教师自身发展需求，又提升学校教师队伍的素质。

**5. 建立教师专业成长考评制度**

依据新课程的精神和教学改革的方向，学校科学制定考评内容和考评标准，努力使考评过程成为引导教师反思、总结的过程。学校要为教师建立成长档案，帮助教师全面了解自己，明确自己所处的成长阶段和进一步努力的方向。

**6. 落实新课程理念，开展教育研习活动**

"教师即研究者"是新课程改革对教师提出的新要求，培养研究型、反思型教师是教师职前教育的一项重要任务。要使教师成长为研究型、反思型教师，就必须让其参与到系统的研究性学习中，只有在研究性学习中才可能学会研究。

**7. 倡导自主发展**

教师的专业发展应该是一种内源性、主动性的发展，而不是外源性、被动性的发展。学校要倡导教师在反思自身工作中发展、在学习中发展、在调查研究中发展、在与专家和同行的合作与互动中发展。教师要不断学习新理论、新观念，反思自身教育观念和教学行为，提高自身发现问题的专业敏锐性。学校也要提倡教师做"反思型教师""研究型教师""学习型教师"和"合作型教师"。

## 三、教师专业发展调查分析

1. 您的性别（单选题）

| 选项 | 小计 | 比例 |
| --- | --- | --- |
| 男 | 15 | 17.24% |
| 女 | 72 | 82.76% |
| 本题有效填写人次 | 87 | — |

2. 您的教龄（单选题）

| 选项 | 小计 | 比例 |
| --- | --- | --- |
| 5年以下 | 15 | 17.24% |

续表

| 选项 | 小计 | 比例 |
| --- | --- | --- |
| 5年以上 | 72 | 82.76% |
| 本题有效填写人次 | 87 | — |

3. 您认为制订教师个人专业发展规划的必要性（单选题）

| 选项 | 小计 | 比例 |
| --- | --- | --- |
| 很有必要 | 87 | 100% |
| 可有可无 | 0 | 0% |
| 没有必要 | 0 | 0% |
| 本题有效填写人次 | 87 | — |

4. 您的教师专业发展目标是（多选题）

| 选项 | 小计 | 比例 |
| --- | --- | --- |
| A. 成为特级教师 | 12 | 20.69% |
| B. 成为教学能手 | 36 | 62.07% |
| C. 成为骨干教师 | 24 | 41.38% |
| D. 成为学科带头人 | 28 | 48.28% |
| E. 提升自我修养，提高教育教学质量 | 44 | 75.86% |
| 本题有效填写人次 | 87 | — |

5. 您认为提高自己专业能力的最佳途径是（多选题）

| 选项 | 小计 | 比例 |
| --- | --- | --- |
| A. 多看业务书 | 50 | 86.21% |
| B. 多参加教研活动 | 58 | 100% |
| C. 多承担教学任务 | 34 | 58.62% |
| D. 多请前辈或名师指点 | 52 | 89.66% |

续表

| 选项 | 小计 | 比例 |
| --- | --- | --- |
| E. 自我反思 | 42 | 72.41% |
| 本题有效填写人次 | 87 | — |

6. 三年来，您认为您在教师专业成长的哪些方面有所提升（多选题）

| 选项 | 小计 | 比例 |
| --- | --- | --- |
| 教学能力 | 50 | 93.1% |
| 教育管理能力 | 40 | 68.97% |
| 教育科研能力 | 40 | 68.97% |
| 实践操作能力 | 34 | 58.62% |
| 撰写教育教学论文的能力 | 26 | 44.83% |
| 自我反思、自我学习的能力 | 38 | 65.52% |
| 本题有效填写人次 | 87 | — |

7. 您认为写论文是（单选题）

| 选项 | 小计 | 比例 |
| --- | --- | --- |
| 提高教育教学的有效途径之一 | 63 | 72.41% |
| 对日常教育教学作用不大 | 24 | 27.59% |
| 本题有效填写人次 | 87 | — |

8. 您发表的论文数量是（单选题）

| 选项 | 小计 | 比例 |
| --- | --- | --- |
| 1—2篇 | 75 | 86.21% |
| 3篇以上 | 12 | 13.79% |
| 本题有效填写人次 | 87 | — |

9. 您的文章曾经发表在（单选题）

| 选项 | 小计 | 比例 |
| --- | --- | --- |
| 省级以及国家级刊物 | 63 | 72.41% |
| 市级刊物 | 9 | 10.34% |
| 县级刊物 | 15 | 17.24% |
| 本题有效填写人次 | 87 | — |

10. 您每天的阅读时长大约是（单选题）

| 选项 | 小计 | 比例 |
| --- | --- | --- |
| 1小时以上 | 42 | 48.28% |
| 0.5—1小时 | 45 | 51.72% |
| 本题有效填写人次 | 87 | — |

11. 您参与公开课（优质课、示范课、竞赛课）的情况是（单选题）

| 选项 | 小计 | 比例 |
| --- | --- | --- |
| 3次以上 | 36 | 41.38% |
| 2次 | 15 | 17.24% |
| 1次 | 36 | 41.38% |
| 本题有效填写人次 | 87 | — |

12. 您（　　）对教学（课）后经验与不足进行反思（单选题）

| 选项 | 小计 | 比例 |
| --- | --- | --- |
| 总是 | 33 | 37.93% |
| 经常 | 54 | 62.07% |
| 本题有效填写人次 | 87 | — |

13. 您与其他教师进行教师专业成长方面的交流吗（单选题）

| 选项 | 小计 | 比例 |
| --- | --- | --- |
| 总是 | 39 | 44.83% |
| 经常 | 48 | 55.17% |
| 本题有效填写人次 | 87 | — |

14. 在教学过程中，遇到困难时，您通常（多选题）

| 选项 | 小计 | 比例 |
| --- | --- | --- |
| 向其他教师请教 | 50 | 86.21% |
| 个人钻研 | 44 | 75.86% |
| 顺其自然 | 6 | 10.34% |
| 本题有效填写人次 | 87 | — |

## 第三节 看得见的教师成长记录

### 一、韩雪"评价记录式"个人成长档案

#### （一）个人小档案

姓名：韩雪

性别：女

民族：汉族

出生年月：1991年12月

政治面貌：共青团员

学历：本科

图1 韩雪

职务：教师

职称：二级教师

任教学科：语文

教师专业发展目标：成为一名专业性强的科研型教师。

教育理念：让孩子们成为最好的自己。

教育方法：因材施教，与爱同行。

行动策略：关注每一个孩子，促进学生全面发展；不断学习，提高自身专业素养。

## （二）我的未来三年规划

| 年度 | 2020 年 |
| --- | --- |
| 教师专业发展规划内容 | （1）提升个人素养，做有品位的教师。培养自身高尚的道德情操及职业道德修养，用自己的人格魅力、深厚的人文素养、广博的知识积淀、真挚的博爱之情以及对学生高瞻远瞩的责任感影响和教育学生，使之形成高尚的品德，树立正确的人生观和价值观。<br>（2）认真学习新的教育理念，提高自身素质。<br>（3）常规教学与教学科研一起发展，向科研型教师转型。<br>（4）加强本学科专业理论知识学习，同时加强课堂实践能力。 |
| 个人达标自述 | 通过多种学习机会与渠道，本人选择和运用适合自己的学习方式，不断提升自身专业水准和教育内涵，同时学习应用多媒体教学手段来丰富课堂教学。 |
| 领导同行评价 | 　　韩老师工作之余不忘充实自己，潜心阅读与研究，包括学习理论知识和先进的教学理念，容易理解新事物，勇于探索，能吃苦，有上进心。（教研组长牟立娜） |

| 年度 | 2021 年 |
|---|---|
| 教师专业发展规划内容 | (1) 巧练课堂教学基本功，确保教育教学质量稳步向前发展。<br>(2) 勤写教学札记和读书笔记，不断提升自己的理论水平。<br>(3) 继续加强本学科专业理论知识的学习，加强课堂实践能力。<br>(4) 积极参加继续教育培训。 |
| 个人达标自述 | 通过教育研究与实践，本人提升了自身的科研水平。本人认真参加每一次的教研活动，认真思考并虚心学习；加强与同事及来自不同学校的教师的合作交流，分享教学心得体会；阅读教育类书籍，学习先进的教学经验。 |
| 领导同行评价 | 韩老师能独立完成本职工作，并能与有较丰富教学经验的教师持续频繁、友好地研讨交流；能从多角度思考问题，周到细致且能集中注意力深入到某个问题的研究，创新意识强。（教科研主任孙冠英） |

| 年度 | 2022 年 |
|---|---|
| 教师专业发展规划内容 | (1) 积极推进素质教育，在学生中形成乐学、善学的局面。<br>(2) 继续加强本学科专业理论知识的学习，加强课堂实践能力，提升理论水平和实践能力，更新知识结构。<br>(3) 加大课堂改革力度，优化课堂教学过程，探索适合新时期的教学模式。<br>(4) 认真研究、实践教研组工作的经验和规律，在学校领导和教导处的具体指导下，力争摸索出一套适合本人的专业发展之路。 |
| 个人达标自述 | 本人认真对待每一个学生，认真处理每一件事情，认真对待每一次班级活动，班级管理能力的提高体现在落实每一天的班级管理中。本人认真批改作业，布置作业做到精读精练，同时做好课后辅导工作，注重分层教学。 |
| 领导同行评价 | 作为班主任，韩老师有较为丰富的教育教学经验，对于班级管理有自己的思路与做法，能较好地培养学生的学习习惯，形成良好学风。希望"小森林"中队在韩老师的带领下茁壮成长！（德育处主任薛法胜） |

## （三）我的成长记录之优秀教学设计

### 1. 优秀教学设计

**【课题】** 牧场之国

**【教学目标】**

（1）熟读"毛毡""膘肥体壮"等16个词语。

（2）体会文中重点语句，领悟写作方法，感受荷兰牧场的田园风光。

（3）通过有感情地朗读课文，体会人与自然和谐统一的美好意境，感受课文中反复强调的"这就是真正的荷兰"的表达效果。

**【教学重点】**

（1）引导学生了解荷兰牧场多种画面的特点，让学生们进一步感受牧场里动物们的悠闲自得和牧场夜晚的宁静。

（2）体会作者对拟人、比喻手法的巧妙运用，感悟文章语言的生动，丰富学生的语言积累。

**【教学难点】**

引导学生理解课文为什么四次讲到"这就是真正的荷兰"。

**【教学准备】**

"真正的荷兰"贴纸、太阳和月亮的贴纸和丝绒衣服。

**【教学过程】**

**旧知导入，激发兴趣**

（1）教师：同学们，温故而知新，在上新课之前，老师给大家带来了一位老朋友，看看你们还认识吗？（出示课件2，学生观看视频）

（2）教师：这是我们二年级下册学过的《敕勒歌》，让我们跟着视频一起读一读并和它打个招呼吧。（学生齐读古诗）

（3）教师：天高地阔，牧草丰美。《敕勒歌》向我们展示了北国草原壮丽富饶的风光。那么国外的牧场是怎样的呢？这节课就让我们开启一段牧场之旅，从日照出发到欧洲西北部的荷兰去看看。（出示课件3）

请捷克作家卡雷尔·恰佩克来做向导，（出示课件4）去欣赏一下他数次赞叹的"真正的荷兰"（贴纸），去感受一下"牧场之国"的魅力吧！

（4）教师：请大家带着期待之情，大声读出课题。

**识记字词**

（1）教师：从同学们响亮的声音中，老师听出了同学们对美景的向往之情，但是出发前先要过安检，你们有信心通过吗？（出示课件5）

学生读词语，个别读，领读，齐读。

（2）教师：通过了第一关，我们来看第二关，根据词语意思选择对应选项。（出示课件6）

请学生选择正确答案，再读词语。

（3）教师：同学们可以把不熟悉的词语意思记到课本上。

学生抄写词意。

**感知课文，领略牧场之美**

**任务一：欣赏牛与牧场的和谐**

教师：恭喜同学们顺利通过安检，现在让我们乘着文字的翅膀，沐浴温暖的阳光（贴太阳贴纸），开启荷兰牧场之旅吧！"牧"这个字偏旁部首是"牛"，所以主角为牛，"场"指的是草场。在荷兰，牛与草场是怎样的一番景象呢？让我们去一探究竟吧。请同学们根据自读要求默读第二段。（出示课件7）

教师：这里老师要提醒同学们，默读就要做到不出声、不指读，同时还要边读边开动脑筋思考问题。（出示课件8）

教师：我们先来看这句话，从这句话中你体会到了什么？

学生交流。

教师：这么多奶牛，它们吃草时是怎样的景象？

教师：是啊，牛儿有的专注地吃草，有的站立不动，多悠闲呀！请同学们一起读出牛和牧场的和谐来。（出示课件9）

教师：让我们轻轻地走近这些牛。牛犊是什么样子的，老牛呢？

教师：对比两个句子，你们发现它们在写作手法上有什么共同点？（出示课件10）

学生交流。

教师：作者运用了拟人的修辞手法，生动形象地为我们展示了草原上牛的不同姿态，让我们用朗读的方式把它们表现出来，好不好？

学生个别读，男女生混读。

教师：这么多的牛，这么多神态各异的牛，怪不得作者会说……（出示课件11）

学生齐读。

教师：大家发现这个句子的妙处了吗？

学生回答。（出示句子）

教师：对比这两个句子，你更喜欢哪个？（出示句子）

学生交流，教师展示丝绒布料，让学生体会丝绒的质感与观感，表现出草的光泽与柔软。

教师：再来看这个句子，也运用了比喻的手法，你们觉得怎么样？

教师：通过对比，我们发现用上述修辞方法能让句子变美、变生动、变形象，但是不一定用上就好，还必须恰当。希望同学们也能在写作中恰当地运用修辞手法，写出优美的词句。

教师：咱们一起来读读这个美美的句子吧。

学生齐读。

教师：好一幅牧场和谐画呀！难怪作者要赞叹……

学生齐读"这就是真正的荷兰"。

教师：看完了牛群吃草，（板书）我们再来看骏马飞驰的景象吧。

**任务二：感受骏马飞驰的豪放**

教师：请同学们默读第三段，用抓关键词句的方法来看看，哪些词

可以用来描述？（出示课件12）

学生默读课文。

教师：听，它们来了！（出示课件13，播放马蹄声）

教师：马儿们踏蹄而来，它们生活得怎么样？你抓住了哪个关键词？你知道这个词语的意思吗？

学生回答。

教师：如果我们朗读的时候能抓住这些关键词，一定能把马的特点展露无遗。

学生个别读，齐读。

教师：这个自由的牧场上难掩这些强壮的马儿那涌动的激情，它们肆意奔跑。（出示课件14）

学生齐读。

教师：读得真好，看到这样的画面，你们感受到了什么？从哪里感受到的？

学生交流回答。

教师：公爵是外国仅次于国王的最高级的贵族，就相当于我国古代的王爷。你们喜欢这些骏马吗？喜欢的同学请起立，把你的喜欢加入朗读中，读出它们的粗犷豪放。

学生起立朗读。

教师：在这样一个动物王国里，它们是主人、是公爵，何等的受人尊重！因此，它们无拘无束地驰骋在无边的草原上，面对此情此景，恰佩克再次赞叹……师生齐读"这就是真正的荷兰"。

**任务三：体会牲畜同乐的悠闲**

教师：这个天堂般的自由王国中还生活着哪些动物？请同学们自由阅读第四段，用笔勾画出牧场的其他"主人"。（出示课件15）

学生自由读。

教师：你们都看到了哪些动物？（出示课件16）

学生交流，出示动物图。

教师：谢谢你把它们请出来。这些动物生活得如何？我们先来看看绵羊吧。

学生读句子。

教师：小猪们在赞许什么呢？你能猜出来吗？

学生想象、交流。

教师：让我们带着赞叹之情来读。

学生齐读。

教师：小鸡和山羊数量怎么样？从哪些词能看出来？（学生交流）

教师：数量如此多的小鸡、山羊，是不是乱哄哄的？它们是什么样子的呢？

教师：尽管它们数量庞大，但是它们没有拥挤、喧闹，有的是一份安然和悠闲，好一幅牲畜同乐画。（板书）面对这样的荷兰，我们也要称赞。

**任务四：感受宁静之夜**（出示课件17）

教师：中国汉字博大精深，"牧"这个会意字出现在最早的甲骨文中，左边有一只手拿着鞭子，右边是一头牛，表示一个人拿着鞭子赶着一头牛，是放牛的意思。在这碧绿的草场之上，只有悠闲的牛，那荷兰牧场上的人呢？老师接下来的朗读中就会有答案，请同学们用心听，完成这两道填空题。（出示课件18）

教师朗读，学生思考。

教师：听出答案来了吗？

学生思考交流。

教师：是啊，荷兰人傍晚才出现在牧场上，挤奶、运奶都安静从容，对放牧这份工作给以充分的尊重。这里没有牧人的吆喝、没有同伴的争食，唯有四周丝绒般的碧绿草原，所以牛儿才能专注地吃草、骏马自由飞驰，其他牲畜也都快乐地生活。现在月光接替了晚霞，夜晚的荷兰是什么样子呢？（贴月亮图）让我们走进课文的字里行间，细细体会。哪位同学想读给大家听？（出示课件19）

学生配乐读。

教师：听到大家读得这么美，老师也想加入，可以吗？

师生共读。

教师：读完你觉得荷兰的夜晚怎么样？

学生朗读、交流。

教师：真是一个宁静之夜啊。（板书）

教师：恰佩克欣赏到奶牛在牧场上的那份和谐，他赞叹；他看到牧场上骏马飞驰，他赞叹；看到成群结队的牲畜同乐的场景，他又赞叹；当夜晚牧场万籁俱寂，对这宁静之夜他再次赞叹。

学生齐读"这就是真正的荷兰"。

教师："这就是真正的荷兰"在课文中出现了几次？分别对应什么画面？作者为什么要赞叹四次呢？（出示课件20）

学生思考、交流。

教师：在这里，该句起到了强调的作用，而且升华了主题。从结构上看，它是贯穿全文的线索；从情感上看，作者用它来表达对荷兰的喜爱之情。

**总结升华，感悟荷兰之美**

教师：碧绿的草原、富有情趣的奶牛、奔驰的骏马、宁静的夜晚，荷兰牧场的一切都这么和谐美好，令人神往，荷兰对于"牧场之国"这样的美誉当之无愧。不仅如此，荷兰运河纵横交错，风车缓缓转动，也有"水之国"之称；荷花、郁金香，美轮美奂，因此，荷兰也有"花之国"的美誉。（出示课件21）

教师：荷兰有如此多的美誉，让我们带着赞叹和热爱之情齐读第一段。（出示课件22）

教师：荷兰之所以美誉众多，主要得益于荷兰人对自然的尊重、对生活环境的爱护。只要我们人类都爱护环境、尊重自然，那么我们的身边一定处处皆为迷人的风景。

**课后作业**

利用本节课所学的写作方法，从"这就是真正的高新区中学"和"这就是真正的日照"当中选择一个作为主题写一段话，记录下身边的美景。

**板书设计**

19　牧场之国

牛群吃草　　牲畜同乐

骏马飞驰　　宁静之夜　　一咏三叹

## 2. 教学反思

《牧场之国》这篇课文展示了荷兰牧场的独特风情，描绘了荷兰牧场白天的辽阔无际和夜晚的宁静祥和。这篇课文教学的重点在于引导学生理解荷兰牧场的特点，体会比喻和拟人修辞手法的运用，感悟语言的优美。

我在教学时以进行"牧场之旅"为线索，主要抓住文章中四次赞美"这就是真正的荷兰"这一写作特点来调动学生的学习积极性。教授写作方法时，通过两读句子的对比和道具的运用，使学生对于修辞手法有了更加直观和深刻的理解和领悟。在指导学生朗读方面，我通过多种形式的朗读让学生感受文章的语言特点和所表达的情感，感悟荷兰牧场的美。其中教师配乐朗读和师生共读收到的效果最好，能更好地引起学生的情感共鸣。

但是这节课也存在很多缺陷。课堂教学前半部分对学生的引导还不够充分，导致学生开始有些局促，"骏马飞驰"的板书没有及时书写，太阳的图片也贴得不准确，而且忘记了学生起立朗读这一环节。

通过这次教学实践获得的经验教训，我对日后如何开展教学有了更多的思考和改进的想法。

### 3. 家访心得

作为联系学生家庭与学校的一条纽带，家访发挥着无可替代的作用。家访，说到底是学校与学生家庭共同教育孩子的一座不可或缺的桥梁。通过家访，教师能及时了解学生学习和生活的状况以及思想动态；能让每一名学生即使不在学校也能继续享受学校给予的关爱；教师耐心倾听家长对我们工作的反馈意见，不仅可以取得家长对学校和教师的理解和支持，同时还能加深教师与家长之间的感情。

通过家访，我体会到了"电访"所不能达到的效果。面对面的促膝交谈较之电话交流，感觉和效果就是不一样。俗话说，"情感是教育的桥梁"。繁体的"亲"字（親）也说明一个道理，人要常见面才会亲。所以家访能让教师和学生家长打成一片，融洽感情，这样家长们就不会再有什么误会和责备、埋怨，教师的工作也就能得心应手。正如我有一次去到学生秦艺硕的家，看到孩子妈妈准备好的水果、爸爸沏好的热茶，我感受到了他们对于我上门家访的支持和感激。秦艺硕是一个个性比较张扬、天性自由烂漫的孩子，平日上课经常随意发言，有时会影响课堂教学秩序，但是他父母和我的交流比较少，所以我对这个孩子的情况摸不透，对于如何改变他感到无从下手。通过这次近距离的接触，家校沟通变得顺畅，我们约定好一起帮助秦艺硕改正他身上的那些小毛病，让他变得更优秀。

学生会因为一些优点受到教师的称赞而感到高兴，因此，通过家访，教师能够和家长从学生点滴的进步谈起，一分为二地分析学生，帮助其发扬优点、克服缺点。所以在家访时，我注意把握实际、灵活调节，在简单的交流、融洽的气氛中提出学生存在的问题，与家长共同商量、探讨如何采取相应的教育措施，使学生心服口服。学生刘业辉的文化课基础比较薄弱，学习成绩比较差。通过家访，我得知他的父母都是外来务工人员，平时对孩子的关注较少，也不懂教育方法。借助家访的机会，我一对一地对刘业辉进行了学习指导，也给他的父母进行了示范。他的父母表示会对孩子的学习给予更多的关注。后续我和家长关于孩子的沟通多了起来，刘业辉在不断地进步。

教师上门家访会让学生感受到受关注和被重视，这对学生是一种激励，对家长也是一种触动。教师、家长、学生三者共处一室，促膝谈心，拉近了彼此的距离。每次家访都会让我受益匪浅，沟通感情的过程既使家长了解了孩子在校各方面的表现和学校对学生的要求，又使我了解了学生家庭各方面的状况及学生在家中的表现，并就此与家长共同研究，在教育学生的方法方面达成一致意见。

在这次家访过程中，我深刻体会到，作为教师，要用心地指导家长，同时与之多进行交流。家长和教师相互信任、相互学习、相互合作，结成家庭与学校的"教育同盟"，我相信，学生的未来会更加灿烂！

**4. 班主任经验交流**

| 班级介绍 ||||
| --- | --- | --- |
| 小森林中队一年（3）班 | 意义 | 森林包容了各种各样的生命自由生长。每个孩子都是独一无二的，不必人人都成为参天大树，让孩子跟随自己内心的种子，慢慢长大。<br>"独木不成林"，希望一年级（3）班是个团结友爱的班级。 |
| | 班训 | 做最好的自己。 |

续表

| | 工作措施 |
|---|---|
| 积分制度 | 通过平常的好习惯和努力学习积攒印章，5个印章换1张贴画，每月选取小贴画数量较多的学生进行抽奖。（每月清零一次） |
| 卫生管理 | 利用体育课或放学时间进行检查，针对同桌三人或二人桌子对齐、地面没有垃圾的情况进行拍照展示，盖章奖励。 |
| 好事瓶 | 在班里放了一个瓶子记录学生所做的好人好事，每周抽出一名学生，可以他的名义选一部电影请大家观看。<br>从好事开始，以好事结束。让好事多多发生。 |
| 图书漂流 | 选择两本适合一年级家长的书，在家长中传阅，鼓励家长写读后感。希望家长陪孩子一起学习成长。 |
| 班级活动 | 定期组织一些班级活动，让学生一起参与其中。<br>劳动教育：比如每周的实践活动扫地、拖地、擦桌子、洗衣服等。<br>每周一体育课安排一些班级游戏，增进学生之间的感情，提高其集体协作的能力。 |

## 二、刘慧"评价记录式"个人成长档案

### （一）个人小档案

姓名：刘慧

性别：女

民族：汉族

出生年月：1998年8月

政治面貌：中共党员

学历：硕士研究生

职务：教育教学研究人员

职称：二级教师

任教学科：语文

图2 刘慧

教师专业发展目标：成长为一名专家型的教育工作者。

教育理念：教育不是注满一桶水，而是点燃一把火。

教育方法：倡导教师以对教育事业的爱、对学生的爱、对自己所教学科的爱，唤起学生对学习、对知识的爱，对师长、对同辈的爱，对集体的爱，进而升华为对祖国的爱。爱应该是双向的，既要让学生得到爱，也要教学生学会爱。

行动策略：教师要用自己的品格育人，以自己的良好德行和习惯去影响、塑造学生；教师要提高个人教学素质，敢于尝试新的方法；教师要用爱感化学生，让学生得到爱，也要教学生学会爱。

## （二）我的未来三年规划

| 年度 | 2020 年 |
|---|---|
| 教师专业发展规划内容 | （1）学习教育理论，在理性中丰富自我。<br>（2）悉心钻研教材，设计新颖有效的教学方案；做到心中有学生，因材施教，立足于每个孩子的发展。<br>（3）平时注重总结教学经验，及时做到教后反思，勤于与同事交流，在实践中摸索；教学相长，在教学中不断完善自己。 |
| 个人达标自述 | （1）学习教育理论、心理学理论、班主任管理理论等，认真品读书籍，在学习中提高自己的业务能力。切实将所学理论与学生的实际情况结合起来，不做"书呆子"式的教师。<br>（2）备好课，认真撰写每一份教案。<br>（3）积极参加各级各类培训，把自己对教学的理解和教学经验与同行交流分享。 |
| 领导、同行评价 | 刘老师忠于教育事业，热爱教育事业，尊重、信任、理解学生，相信每个学生都能成才。刘老师能积极参加各级各类培训，乐于把自己对教学的理解和教学经验与同行交流分享。（教研组长牟立娜） |

| 年度 | 2021 年 |
|---|---|
| 教师专业发展规划内容 | （1）积极进行教学研究，更新教学观念，大胆实践，勇于创新。<br>（2）做好自己的本职工作：教好书，当好老师。认真研究学生的实际情况，努力成为让学生满意的教师。将心比心，研究学生的心理状态，管好学生的日常，开好主题班会；组织学生积极参加学校组织的各项集体活动，争取成为一名合格的教师。 |
| 个人达标自述 | 本人努力尝试各种教学手段，将各种活动、视频、图片等融入教学，努力上好每一节课。将心比心，研究学生的心理状态，管好学生的日常，开好主题班会，组织学生积极参加学校组织的各项集体活动，争做一名合格的教师。 |

续表

| 年度 | 2021 年 |
|---|---|
| 领导、同行评价 | 刘老师善于营造班级和谐健康的环境，增强学生的凝聚力；选拔、培养优秀班干部，提高他们组织班级活动的能力；培养学生的合作精神和良好习惯，着眼于学生的长远发展。（德育处主任薛法胜） |

| 年度 | 2022 年 |
|---|---|
| 教师专业发展规划内容 | （1）积极进行教学研究，更新教学观念，大胆实践，勇于创新，争取在教学教研上更进一步。<br>（2）做好自己的本职工作：教好书，当好老师。认真研究学生的实际情况，努力成为让学生满意的教师。 |
| 个人达标自述 | 本人重视教研组工作，积极参与每一次教研活动，努力提升自己的教学能力。本人努力改进教学形式，提高教学质量，千方百计地激发学生的学习兴趣，使他们"愿学""乐学"。 |
| 领导、同行评价 | 刘老师立足学生实际，精心设计教案，备好每节课，且课前做好充分的准备，课后写教学反思。在课堂教学中，她鼓励学生发现问题、质疑问题，使学生养成良好的自主学习和独立思考的习惯，指导学生开展研究性学习活动。（教科研主任孙冠英） |

### （三）我的成长记录

#### 1. 读书随笔

**《你能成为优秀教师》读书随笔**

人们常说："活到老，学到老。"每个人对知识的渴望都是无止境的。最近，我有幸读了《你能成为优秀教师》一书，再一次感受到了阅读带来的乐趣。作为教师，只有时刻保持努力学习的心态，学习先进的教育教学理论，学习专业的理论思想与技能，才能让自己的知识结构得到及时的更新，永远站在一个崭新的高度上审时度势，不断激发勤奋工作的热情，实现教学工作的创新。该书作者认为，一名优秀的教师务必具备以下素养：对工作敬业是创造价值的基础；对学校忠诚是信赖的前提；对领导服从是步伐协调的保证；对自己信任是成长的基点；对他人欣赏是快乐的源泉；对社会奉献是卓越人生的境界。

我们每一个人都渴望成功，其实成功就掌握在自己手中，但它不会一蹴而就，而是蕴藏在平凡的工作当中，生命的价值也蕴藏在平凡的工作当中。工作是我们创造价值的平台，是体现人生价值的最佳场所，因此我们务必重视自己的工作并投入全部的热情。大家都说教师是太阳底下最光辉的职业，教师干的是良心活儿。是呀，我们身上担负着教育好祖国下一代的重任，所以我们更应该在教学工作中投入自己全部的热情与精力。我热爱我的工作，它让我得到尊重、幸福和满足。然而，光有热爱是不够的，我要做的事就是在热爱本职工作的基础上让自己一步步变得更加优秀，更加受人喜爱和尊重。作为教师，就应时刻严格要求自己和学生，尊重学生，热爱学生，多从学生的角度思考问题，凡事多问问大家的想法，做到对学生信任和欣赏。每名学生都是一块闪闪发光的金子，我们应多看到他们身上的优点和长处，尽可能地给他们创造展示自我的舞台，时刻用乐观的心态应对教育教学工作和学生，用阳光般的笑容感染周围的人。快乐是能够传播的，你快乐，所以我快乐！

我们努力工作是为了更好地实现人生价值，所以要努力让敬业成为一种习惯，从小事做起，坚持天天把简单的事情做好；学会欣赏他人，多向同事学习，与同事相互合作、相互欣赏。俗话说："成功不必在我，团队的成功就是我的成功。"人人都有我们值得钦佩的地方，真诚地为我们身边的每一个人喝彩！

做人比做事更重要，要做事，先做人；做好本职工作固然重要，但为人之道才是根本。有德的人才能够把事做对，有了好的人品作保证，做人才有底气，做事才会一身正气。做人要时刻保持一颗自律的心，看到自己的不足，遵守自己的道德准则，老老实实做人、踏踏实实做事。生活对我们每一个人来说都是公平的，你付出多少，便会得到多少；若你没有得到，那便是付出得不够。我们不该去埋怨别人，更不该去埋怨人生。

最后，让我们心怀感激之情，感激我们周围的一切人和事。我们最应感谢我们的学生，我们成绩的取得是因为我们有这群优秀的学生。孩子们，真心地谢谢你们！是你们和我共同品尝工作中的酸甜苦辣，分享工作中的快乐，真心地谢谢你们！为了优秀的你们，今后我将不断学习，努力提升自己，争取早日成长为一名优秀的教师。让我们一起加油！

**2. 优秀教学设计**

【课题】总也倒不了的老屋

【教学目标】

（1）认识"暴""凑"等7个生字，会写"准""备"等13个字，会写"变成""门板"等14个词语。

（2）能试着一边读一边预测，知道可以根据题目、插图和故事内容里透露的一些线索进行预测，初步感受预测的好处和乐趣。

（3）懂得预测内容跟故事的实际内容可能一样，也可能不一样。

【教学重点】

学会根据题目、插图和故事内容里透露的一些线索进行预测，初步感受预测的好处和乐趣。

【教学策略】

在字词教学方面，采用以学生自学为主、教师重点强调和精讲点拨的策略；在文本阅读方面，采用学生先猜想与推测，教师再呈现文本并适时点拨，推进故事发展的教学策略；表达运用时教师巧妙设计游戏，学生自主展开想象，通过情感碰撞感受阅读的乐趣。

**【课前准备】** 多媒体课件

**【课时安排】** 2 课时

**【教学过程】**

第一课时

**激趣导入**

教师提出问题：同学们，你们喜欢读童话故事吗？你们读过哪些童话故事？谁来说一说？

学生自由表达。

教师叙述：童话故事五彩缤纷，每读一篇故事都像进行了一次旅行。今天，老师带来两个新向导，和我们一起到童话王国旅行。

**【设计意图】**

学生通过导读，了解本单元的语文要素——猜测与推想；学生明确本课学习要求是一边读一边预测，顺着故事情节去猜想并学习预测的一些基本方法，尝试续编故事。

呈现文本，学习预测

**1. 插图引入，展开想象**

教师过渡：同学们，现在我们来到了一片森林，这里有一间屋子。请仔细观察这间屋子外形有什么特点？

预设1：这间屋子的门板上已经有了一个大窟窿，看起来好久没有人住了。

预设2：这是一间破旧的老房子，周围长满了杂草，我感觉它在深山老林里。窗户和门板已经破旧，说明它存在的时间已经很长了，好久没有人居住、管理了。

教师点评：你们观察得真仔细，从插图中我们能猜到故事发生的地点和一些其他内容。

教师追问：这间屋子一看就很老了，所以我们称它为"老屋"。你们觉得接下来这间老屋会发生什么故事呢?

预设1:这间老屋这么破旧了,会有危险,但童话王国里的故事很奇妙,它一定会有其他的经历。

预设2:我觉得这间破旧的老屋里会住着在森林里迷路的人,而且他(他们)还会把老屋修理一下。

教师引导:同学们的想象真丰富!大家在没读故事内容之前根据插图进行的猜想就是今天我们要学习的一种新的阅读策略——预测。(板书:预测、插图)

**2. 质疑课题,展开预测**

教师过渡:今天的故事就是围绕这间老屋展开的。(板书课题:总也倒不了的老屋)

学生齐读课题,提出质疑。

教师提示:已读课文的同学要回忆初读课文时形成的预测,分享给大家。

教师过渡:老师也很好奇,让我们赶紧去看一看这间老屋吧!不过,今天上课老师有个小要求,那就是先不打开课本,跟着老师的课件我们进行读文,一边读一边预测。

学生看图,教师指名让学生读第一自然段。

教师引导:通过你的朗读,我感受到老屋非常年迈、孤独。怪不得它会说……那老屋会不会倒下呢?请把你第一次读到这里时的感受和想法说一说,并说明理由。

预设1:我认为老屋会倒下,因为从插图看,它太破旧了……

预设2:我认为老屋不会倒下,因为题目就是"总也倒不了的老屋"……

教师点评:同学们都进行了预测,而且有理有据。那让我们一起去看看故事内容吧!

### 3. 边读边想，走进故事

（1）小猫避雨。

教师提出要求：请学生读第3段，（看课件读）说说自己的体会，大家进行预测。

教师指导学生朗读，让学生体会着急的心情。（相机板书：小猫、躲避、暴风雨、一个晚上）

教师引导：我们看看故事中是怎样描写的。（教师出示4、5段，指名让学生读课文）

教师引导：这里出现了一个动作——"使劲往前凑"。（教师模仿动作）

教师追问：为什么会这样？

预设：因为老屋年纪大了，眼睛不好使了。

教师点拨：老屋这么年迈了，却仍然选择帮助小猫，老屋真善良啊！（读到这里，有名学生产生了疑问）

教师强调：只要预测得有理有据就很棒。

（2）母鸡孵蛋。

教师过渡：这个时候，老屋又准备倒下了，你认为它会倒下吗？

教师引导：瞧，老母鸡来了！（学生读文，教师提出问题：这次老母鸡的请求是什么？）

学生回答。（教师相机板书：老母鸡、孵小鸡、二十一天）

教师追问：老屋会答应吗？二十几天呀！它会不会觉得不耐烦呢？

学生根据故事内容和图片等进行预测，教师根据学生的不同反馈进行预设。

教师引导：让我们来看看老屋是怎么回答的吧！（教师指名让学生读文章内容，说说自己的体会）

教师点评：同学们真会读书！大家能抓住重点词语和文本内容感受

老屋的美好品质。

### 4. 奇思妙想，续编故事

教师过渡：前面两次，老屋说"我到了倒下的时候了"，于是就有小猫和老母鸡请求帮助。这次老屋又说了，所以后面可能还会有其他小动物来请老屋帮忙。那接下来会发生什么有趣的故事呢？请同学们依据以上内容进行猜想，并说一说、演一演。

同桌学生之间交流续编故事，全班学生交流展示，教师点评。

【设计意图】

学生根据文本内容进行故事续编，边读边预测，并根据老屋和小动物的语言、动作和心理等细节描写的相似性，顺着故事情节去猜想。

### 5. 回归课文，认识旁批

教师过渡：精彩的故事情节吸引着每一位听众，故事到这里还没有结束，现在请同学们打开课本，翻到第46页认真观察，这篇课文跟之前的课文有什么不同？

预设1：我发现课文内容的旁边有一些褐色的小字。

预设2：我读了读，这些内容是小读者的一些想法。

教师点拨：这就是小读者读到感受深的或有疑问的地方做的批注，我们叫它"旁批"。旁批是读者有感而发写的，请大家观察旁批的位置，读一读相应的内容，小读者在哪些地方做了批注？

教师小结：根据旁批的位置和相应的内容，我们发现可以从文章的题目、插图和文章内文寻找线索进行预测。

【设计意图】

让学生自己观察、发现旁批所在的位置，就是让学生意识到在什么地方、从哪些方面可以进行预测、猜想，从而学习、掌握预测的一些基本方法。

**6. 加注旁批，练习预测**

教师过渡：作者是怎样写故事的结局的呢？请同学们打开课本第48页，一边读课文，一边在自己感受深和有疑问的地方做批注。（教师巡视指导，学生分享并解答疑问。）

**【设计意图】**

让学生尝试用一边读一边预测的读书方法，在文本的一些位置尝试做批注，意在培养学生边读边预测的读书能力。

教师叙述：请一名同学读课文最后一段，看看故事结局和我们刚才的预测有何不同。（教师相机板书：蜘蛛、织网抓虫、一直站下去）

教师小结：预测的阅读策略在二年级下册《蜘蛛开店》一课，进行故事续编的时候，大家已经开始无意识地运用了。我们今天对故事的发展和结局进行了猜想，只要你的预测是有理有据的，那就都符合要求。

**总结升华，感悟品质**

教师提问：故事到这里结束了，这间老屋给你留下了什么印象？

教师引导：正是因为老屋具有这种可贵的品质，有那么多人需要他的帮助，所以它总也倒不了。（教师让学生感悟本节课的收获，回归板书总结：善良 乐于助人）

**拓展延伸，促进表达**

教师小结：今天的阅读之旅就要结束了，希望同学们在今后的阅读中边读书边预测，你会在读书的过程中发现更多的乐趣！各位亲爱的小作家们，再见！

**第二课时**

**读词语、学习生字**

教师直接引入：同学们，我们来"开火车"读词语，注意红色字体的生字，读对的大家跟读一遍。

学生在读带红色字的词语时注意读音和字形；同桌之间说一说识字

方法，全班交流。

预设1：我通过"减一减"认识了"尔"；通过"加一加"认识了"凑"。

（瀑 — 水 = 暴　　你 — 亻 = 尔　　两点水 + 奏 = 凑）

预设2："喵"和"叽"都是形声字，左形右声；它们也是拟声词，这样的词还有咩咩、呜呜、呱呱等。

预设3："孵"这个字有点儿难记，但我发现它也是形声字，右边是声旁；"偶"可以用换偏旁来认识，"遇"换偏旁就可以得到"偶"。

教师点评过渡：同学们的识字方法真多，加一加、减一减、形声字互换等方法都可以帮助我们识记生字。下面我们来做个游戏——树叶飘，看看哪位同学能摘到飘动的树叶。

**【设计意图】**

学生自主识字，交流识字方法；教师适时点拨，培养学生独立识字的能力。

### 内容回顾，交流收获

教师引入：同学们，你们能借助提示说一说故事内容吗？（教师找两名学生回答，集体矫正）

教师过渡：上节课我们走进老屋，一边读一边预测接下来会发生什么，还尝试了续编故事，这样的读书方法是不是很有趣？下面我们走进互动课堂，读读课后同学们交流的内容，说说你的收获吧。

预设1：有一次我正在看自己喜欢的故事书，可是弟弟一个劲儿地让我跟他玩儿游戏，我就没答应他。

预设2：当我被别人不断打扰时，我也会不高兴、不耐烦，做事情也没心情。

教师追问：这个学习伙伴也一定有过和你相似的经历和感受，所以当她读到老母鸡请求老屋不要倒下时，猜测老屋可能会不耐烦。那么，她猜的和课文内容一样吗？

预设：不一样。

教师引导：这个学习伙伴不仅根据课文内容，而且还根据生活中的感受，进行预测，她猜的和课文内容一样吗？

预设：一样。

教师提出要求：读一读第3、4位小朋友的话，说说你有什么想法。

预设1：我知道了可以根据文章的题目、插图、内容进行预测。

预设2：我知道了预测的内容可以和故事内容一样，也可以不一样。

预设3：我知道了我们可以根据自己的生活经验来进行预测。

教师小结预测方法。

**【设计意图】**

通过互动课堂环节，学生读一读、说一说，在互动交流中掌握预测的方法和策略，懂得预测的内容可以跟故事的内容一样，也可以不一样。

### 识记生字，指导写字

学生观察生字的结构、占格位置，说一说写好字的关键是什么。

教师点评：同学们说得很到位，既关注到了生字的结构、占格位置，又注意了关键笔画和易错笔画。"晒"和"飘"都有"西"，但书写方法不同。你们书写时一定要注意呦！

教师提出要求：学生开火车读生字，并用生字组词。

学生练习生字书写，教师巡视，进行个别指导。

教师展示写得优秀的字，大家评议。

### 板书设计

总也倒不了的老屋 { 小猫　　躲避暴风雨（一个晚上）<br>老母鸡　孵小鸡（二十一天）<br>蜘蛛　　织网抓虫（一直站下去） } 乐于<br>助人<br>善良

**教学反思**

《总也倒不了的老屋》是统编语文教材三年级上册第四单元的一篇精读课文，本课从单元主题展开，用童话导入，一开始就以预测的形式出现，让学生了解预测这种阅读方法。本文用反复的手法推进情节发展，可以让学生在不同的地方进行猜想，预测故事情节的发展；在教学环节中设计"争当小作家"活动，让学生展开合理的想象，进行故事续编。为了突出文本内容的新奇，学生对文本的后续情节有了更多的预测和猜想，让学生感受到预测的好处和乐趣。

教师借助互动课堂，通过对话交流让学生认识到可以根据题目、插图、文章内容等进行预测，懂得预测的内容可以跟故事内容一样，也可以不一样。学生在互动交流中获取新知，成为课堂教学的主人。本单元的生字教学不同于其他单元，为了让学生保留对课文的初始体验，生字部分的学习放到了第二课时，并注重对学生进行识字方法的引导和重点字的个别指导，激发学生学习生字生词的兴趣。

**3. 教学故事**

走上教育之路已经四年多了，我发现这条路并不像我想象的那般简单。以前我总以为教书很轻松，只要有知识就足够了，就可以将学生教好了，现在我才发现原来光有知识是不够的，因为在一节课当中教师不能只是把知识灌输给学生，学生所要学习的也不仅是知识，还有习惯的养成、能力的培养等很多其他的东西。而且一堂课当中纪律的好坏会直接影响一节课的质量，在宽松安静的环境下学习才能有良好的效果。所以教师要掌握的不仅是知识，还有教学管理的艺术。教育是智慧与爱并存的行业，为了能成为一名好的人民教师，我会努力让自己的教育理论知识丰富起来，在学习中进步，在进步中提高，帮助我的学生快乐地学习成长。

班上有这样一个小女孩儿，她聪明伶俐、活泼可爱，积极参与各项活动，并且小嘴巴能说会道，好像一只"小百灵"。但她的父母没时间管她，年迈的爷爷奶奶宠着她。由于年龄太小，虽有几分聪明，但她自制力不强，而且爱哭鼻子。有一次，她因为不会折纸而急得大哭，我劝了她好久也没能安抚她的情绪。从此，我开始留心观察她。有一次，她和其他小朋友玩儿"投沙包"游戏，一连输了四次，竟跑进教室里大哭了一场，然后拉着那个小朋友接着再玩儿，直到赢了才罢手。我经过再三观察，分析她每次哭的原因，发现爱哭正是她自尊心强的表现，于是把她争强好胜的性格特点引到唱歌、讲故事上来，同时给予她具体的指导。这样，经过一段时间，这个小女孩儿的歌唱得悦耳动听，讲起故事来有板有眼，在班上的"讲故事"比赛中，被小朋友们评为"故事大王"。我深切体会到，教师要做到善于观察、勤于思考，注意发现学生身上的闪光点、心中隐秘的活动、脸上流露的神情以及在生活中出现的异常行为，这一切即便刚刚露出端倪，也应成为教师捕捉的对象。教师或因势利导，或防微杜渐，用自身创造性的劳动来影响教育的进程，规范学生的行为。

　　班上有一个多动症的学生，起初我认为给他多一点关心也许能让他变得乖一点，可后来发现他并没有多大的改变，他的偷窃行为反而更加频繁。我尝试跟他的家长沟通但是无果，我的理解是，他的家长已经对他失去了信心。试想一下，连父母都对自己的孩子没有信心，教师该如何做？虽然在教育之路上会遇到很多意想不到的事，但不管这条路有多难走，我还是坚信，只要有爱、有智慧，彩虹总会出现在风雨后，自信是成功的一半。

　　苏联教育家苏霍姆林斯基说："一个好教师意味着什么？首先意味着他热爱孩子，感到跟孩子交往是一种乐趣，相信每个孩子都能成为一个好人，善于跟他们交朋友，关心孩子的快乐和悲伤，了解学生的心灵，时刻都不忘记自己也曾是个孩子。"大爱无痕，润物细无声。教育无处不在，老师的一个微笑、一个和蔼的眼神、一个爱抚的动作、一句关心的话语，都会给学生带来欢乐、带来智慧，我为学生、为教育事业不懈地努力着。

**5. 家访心得**

对于教师来说，"家访"并不是一个陌生的词汇，作为联系家庭与学校的一条纽带，它发挥着不可替代的作用。家访是学校与学生家庭共同教育孩子的一座不可或缺的桥梁。教师通过家访能及时了解学生学习和生活的状况以及他们的思想动态，让每一个学生不在学校仍可享受学校给予的关爱；耐心倾听家长对我们工作的反馈和建议，不仅取得家长对学校和教师的理解和支持，同时还加深教师与家长之间的感情。

（1）良好的家庭教育对孩子的健康成长至关重要。

文化程度高的家长对子女都有一套行之有效的教育方法，明白如何对孩子进行学习和生活上的指导。这些家长的孩子往往从小就已经养成良好的行为习惯，有较强的自觉性。文化程度不高但为人处世有原则的家长在对孩子学习的指导上虽有欠缺，但会通过言传身教教给孩子做人的道理。这类孩子通常人品不错、心地善良，只要在学习方法上对其多加以指导，一般他们都会有较大的进步。还有少数家长本身文化程度低，对子女又过于溺爱。随着年龄的增长，孩子的脾气越来越大，这些家庭往往出现家长对孩子"不会管、管不了"的局面，父母只能期望通过学校、老师教育来改变孩子。

（2）学生在校表现与在家的表现通常都有较大的差异。

绝大部分学生在学校里各方面表现都较为良好，但在家里却仿佛变成另一个人。一些学生放假在家不学习、不写作业，整天看电视、上网，什么家务都不干，动手实践能力相对较差，这必将影响其未来的发展。

（3）家长对学校和教师普遍抱着较高的期望和要求。

教育是一个系统工程，需要学校、家庭、社会共同参与，家访则是这一系统工程中的重要一环,是教师做好教学和班级管理工作的重要手段。通过一段时间的家访,我们得到了许多收获,决心在今后的工作中继续有目的、有计划、有重点地开展家访工作,为实现学校的跨越式发展贡献自己的一份力量!

## 三、于忠伟"评价记录式"个人成长档案

### (一)个人小档案

姓名:于忠伟

性别:女

民族:汉族

出生年月:1986年7月

政治面貌:中共党员

学历:本科

职务:教师

职称:二级教师

任教学科:生物

图3 于忠伟

专业发展目标:成为一名会创新、肯钻研的骨干教师。

教育理念:教师享受教育工作带来的快乐,学生享受学习的快乐。学校的教育是健康的、体现教育本质的科学的教育;从这里走出的学生不仅有着优异的学习成绩,还具有良好的学习态度、浓厚的学习兴趣和健康的思想品格以及健全的身心素质。

教育方法:教学的一切活动都应以学生的学为主,学生是学习的主体,教师则主要起到帮助、引导、评价等作用。在课堂中倡导新的学习方式,即自主学习、合作学习、探究式学习。

行动策略：自觉更新教育理念，以发展的眼光看待学生与教学；进一步学习、钻研现代教育理论，钻研新教材，掌握基本的教学规律，努力提升自身专业素养和教育教学能力；探索生本教育理念下的新型课堂教学模式，构建自主、合作、探究的学习方式，树立正确的教育质量观。

### （二）我的未来三年规划

| 年度 | 2020 年 |
| --- | --- |
| 教师专业发展规划内容 | （1）教育理念得到更新，能够以发展的眼光看待学生与教学，具有一定的创新精神及教研意识。<br>（2）进一步学习、钻研现代教育理论，钻研新教材，掌握基本的教学规律，努力提升自身专业素养和教育教学能力。<br>（3）通过一系列的学习与研究，使自己成为"爱岗敬业、为人师表、教书育人、与时俱进"的新型教师。 |
| 个人达标自述 | 本人认真学习领会新课程标准及教材教法，掌握学科专业特点，努力抓好教学质量，致力于培养学生学习的良好习惯；本人精心备课，细心批改学生的每一本作业，探索趣味性作业、创新性作业；同时本人充分利用网络的优势，学习教育教学方面的新思想，掌握新的教学方式，运用新的教学理论，从而提高教学效果。 |
| 领导、同行评价 | 于老师坚持教学相长，努力获得自我发展。她勤听课，通过课堂听课，与授课教师进行交流与沟通；勤质疑，勇于提出自己的问题或不同的观点，在共同探索中达到共同进步，从而促进个人专业能力的提升。（教科研主任任佰胜） |

| 年度 | 2021 年 |
| --- | --- |
| 教师专业发展规划内容 | 以自学的形式完成有关教育理论方面的学习。<br>积极参加教育行政部门组织的继续教育学习和学校组织的校本活动；承担学校及上级部门组织的课题实验，以课题研究带动自身学术水平的提高；及时记录自己在教育科研、课堂教学和业务学习等方面的学习心得体会；定期参加有关的科研论文评选；每天有1小时以上的读书时间。 |
| 个人达标自述 | 本人在教学中注意学法指导，努力培养学生掌握良好的学习方法和习惯，提高教学效率；本人努力使学生形成预习的好习惯，努力培养学生形成独立钻研的学习品质；本人注重培养学生独立钻研、敢于表达的好习惯，对于比较容易掌握的知识由学生自己来讲，充分锻炼学生的综合能力。 |
| 领导、同行评价 | 于老师认真阅读课程标准、教学用书以及《给教师的建议》等有关资料，钻研新教材、新课标，研究教法，体会新课程的性质、价值、理念，不断提高自身业务能力。（年级组长李兆兰） |

| 年度 | 2022 年 |
| --- | --- |
| 教师专业发展规划内容 | (1) 掌握课堂教学艺术，强化教学反思能力。<br>(2) 加强教育科研能力，重构自身专业知识。<br>(3) 在教研与科研的实践中发展自己，将自己掌握的专业知识运用于教学实践中。<br>(4) 反思与教学对象不断互动的过程，通过这个过程来强化自己的教学实践能力；将学科知识和教育理论素养结合起来，通过教学实践来整合、重构自己的专业知识。 |
| 个人达标自述 | 本人每个月都要写教学随笔、教学心得和体会，及时整理笔记，做好课堂教学反思，切实提高自身课堂教学水平；本人注意加强理论学习，多与外界交流，在教学上不断创新，争取形成自己的教学风格。 |

续表

| 年度 | 2022 年 |
|---|---|
| 领导、同行评价 | 于老师喜欢思考教育方面的问题，用心把先进的教育理念转化为自己的行为，在反思中提升教学研究水平。每节课后，于老师把自己在教学实践中发现的问题和有价值的东西记下来，享受成功的喜悦，弥补教学中的不足。（教研组长卞亚龙） |

## （三）我的成长记录

### 1.《给教师的建议》读书随笔

书是人类进步的阶梯。

人生因读书而成长，因读书而进步，因读书而收获。

生活因读书而生动，因读书而精彩，因读书而丰富。

《给教师的建议》着实是一本好书、一本我盼读已久的好书。

让我们捧起这本书，在其中分享读书的快乐，汲取人类的智慧，共度生命的历程，追求事业的成功！

俗话说，要想给学生一杯水，自己必须要有一桶水才行。在本书作者看来，教师要想拥有更多的业余时间，不让备课、上课变成单调乏味的"死抠"教科书，那就必须坚持每天读书，跟书籍结下终身的友谊。然而作为教师，得面对学校各种各样的检查，做课题、搞教研、进修、培训、评职称，提高教学质量、上课、备课等，每天都面对繁忙的事务。

根据苏联教育家苏霍姆林斯基的建议，教师只有通过阅读，不断提高自身教育素养，拓宽自己的视野，才能让自己成为真正的教育能手。教师知识丰富了，备课所需要的时间和精力就会减少，而且自己的课堂也会变得生动有趣、充满情感，那么自然就会有空余的时间去做自己的事情了。从书中提到的那位教龄长达三十年的历史教师的身上我们可以看到通过阅读储备知识的重要性。她的公开课深深地吸引着每位听课教师，而她说自己始终都在备课，我想大概是因为她终身都在储备自己所需的知识和素养；她说本课题的准备时间是十五分钟，我想是因为她有厚重的知识沉淀，所以一刻钟足以让她的经验和才华施展出来。我想成为这样的教师，我相信，腹有诗书气自华，只有书读多了，才会更加自信，才能更好、更全面地传授知识。

不仅教师要多阅读，学生更是如此。学生阅读的重要性不言而喻。在此，作者提出了一个重要的建议，那就是学习上有困难的学生更需要阅读。我们教师一般都会有一个错误的观点，那就是认为学习成绩不好的学生不应该花太多的时间在教材之外，许多教师都要求学生抓住课本，学好基础知识，而不需要课外拓展。包括我自己，也曾如此愚钝地这样认为。但是通过本书中费加的例子以及作者的建议，我明白了学生的学习越困难，他在学习中遇到的似乎无法克服的障碍也就越多，那么他就更需要多读书。阅读能教会他思考，而思考会变成一种激发智力潜能的刺激，书籍以及由书籍激发起来的活的思想是防止死记硬背弊端的最强有力的手段。作者就是通过给费加编了一本特别的习题集（《给思想不集中的儿童的习题集》），搜集了一套有关智力训练的书籍供她阅读，使她逐渐从一名别人眼中的"笨"学生，成了一名高度熟练的机床调整技师。苏霍姆林斯基的这种对待学习上有困难的学生的态度和方法值得我们学习。所以在今后的工作中，如果遇到成绩暂时不好的学生，我们教师不应该束缚学生的思维，而应该鼓励他们去读一些有助于其提高学习水平的书籍。不要担心他们没时间吃透教材，因为他们读书不是浪费时间，而是在努力提高自己对教材的理解能力。

在学生学习的过程中，还有很重要的一点，那就是要提高学生的学习兴趣。因为兴趣是最好的老师，是成就一切事业的基础，是学生掌握知识的动力。如果学生提不起学习的劲头儿，教师的情绪也会受到影响，即使教师再精力充沛地上课，也只会是徒劳的。所以教师一个很重要的任务就是让学生热爱自己所教的学科，激发学生的学习兴趣。之前我们就深知这样的道理，但是该如何做到让学生对学习产生浓厚的兴趣、热爱自己所教的学科呢？

教师应该先提高自己对学习知识的兴趣、对自己所教学科的热爱。确实是这样，因为"己所不欲，勿施于人"。如果知识教授者本身都没有高涨的热情，更遑论让知识接受者喜欢了。教师良好的人格魅力是使学生对其所教学科感兴趣的重要因素，德才兼备的教师才是学生最喜欢的。站在学生的角度，我就十分崇拜和尊敬有着良好人格魅力的教师，比如我的高中语文教师就是我所认为的具备这种素养的教师，所以我当时特别喜欢上语文课，自己的语文成绩自然也就不错。推己及人，我希望不断提升自己的道德素养，让自己也成为有着良好人格魅力的教师。

教师要会教学、能够上好每一节课，这是最贴近学生实际需要的。一名教师能够让学生听得明白、让学生轻松而又深刻地掌握知识，自然会得到学生的青睐。教师要不断地给自己"充电"，充实自己，对所任教学科的知识必须全面、有一定深度地掌握，此外还要多学习教育学的有关内容，从而提高自己的教育艺术。

《给教师的建议》这本书给了我们许多理论上的指导，100条建议这些101次感悟，我所体会到的、学到的远远不止如此。可以这么说，它是我成为教师的启蒙书。"纸上得来终觉浅，绝知此事要躬行。"我希望今后能够通过自己的实际行动，践行苏霍姆林斯基的教育理念，让它帮助我完成从一名年轻教师向有着良好教育水平的教育工作者的蜕变。在工作中，我也会反复阅读此书，因为我相信随着经验的积累，我能从这本书中学到、感悟到更多！

**2. 教育案例**

学生心理健康教育案例——用慧心开启特殊学生的心灵大门

担任了多年班主任的我始终相信，教育是心与心的交流，是一颗心唤醒另一颗心的灵魂工程。我一直信奉的教育格言是"要用农人的细心与耐心对待生命的成长与演变"。

（1）个案介绍。

学生基本情况：

姓名：杨某

性别：女

年龄：14岁

年级：八年级

（2）家庭情况及平时表现。

该生父母离异，跟随爷爷奶奶生活，父亲为了生计而奔波，很少管教孩子。该生在家里经常与爷爷奶奶发生口角，有时还打爷爷奶奶。该生学习成绩不太好，且性格孤僻、任性，还很自卑。课堂上她从不参与讨论，课下不合群，有时攻击同学，还总是受到别人的欺负，人际关系很紧张。

（3）情况调查。

有一次，我正在办公室写教案，接到门房电话，自称是我班某学生的家长。我在电话中请他上来，他说不方便，让我下去。我刚一进门房，只见一位头发花白的老大爷，眼里噙着泪水，见到我便说："老师请您救救我们孩子吧！"我忙扶起爷爷，让他慢慢说。原来我班杨某自从父母离婚后，她把父母离婚的责任归咎于爷爷奶奶，处处和爷爷奶奶对着干：放学不回家，结交一些坏孩子，回到家就看电视，作业也不做，电话成了她的"专线"，还总有人约她出去。爷爷奶奶一说她，她就和他们大吵大闹，有时还大打出手，甚至扬言少管她的闲事，否则就打他们；还说爷爷奶奶老了，根本不是她的对手。她已经是六年级学生了，还让年迈的奶奶为她洗衣服。听了爷爷的讲述，我大为震惊。临走时爷爷一再叮嘱，他来学校的事千万不要让孙女知道，否则又要和他们闹。送走老人，我的心久久不能平静，思考着该如何打开孩子的心结。

（4）原因分析及对策。

原因分析：①父母离异对孩子的打击很大，导致孩子心理不平衡，性格大变；②爷爷奶奶的溺爱使孩子变得任性、自私；③家庭的变故使孩子性格变得孤僻，学习成绩不理想，而且变得自卑。再加上与周围同学关系紧张，她变得畏缩，不敢与人交流。她只有在外面跟那些不了解她的孩子接触才有安全感。

对策：①氛围导航，解开学生的心结。我在班中积极营造友好互助的班级氛围，教育学生不要歧视她、欺负她，在学习和生活中多关心她、帮助她，主动和她交流。我经常在班上说："我们能在一个班学习，这是缘分，我们要像兄弟姐妹一样团结友爱，不能放弃任何一个同学。"课下我专门找来几个人缘好、学习好的学生，给她们讲了杨某的情况。这几名学生了解了杨某的情况之后，主动利用放学后的时间陪她聊天、给她讲题、和她玩耍……慢慢地，杨某的表情不再那么呆板，脸上渐渐地露出了一丝笑容。此后，同学们主动与她交往，帮助她打开了自己的心灵枷锁，走出了心灵困境。②慧心引路，唤醒学生的心灵。教育是一项伟大的育人工程。人是有情感的，所以情感关怀在教育中处于相当重要的位置。学生的过分冷漠实际上是一种精神情感的失调，有心理困境的学生大多非常敏感，自尊心极强且性格孤僻。所以对待心理素质欠佳的学生，我格外表现出自己的好感和热情，这并不是虚情假意，而是调控学生心理的必需。我主动接触她，缩短与她的心理距离，对于她身上的闪光点，我都给予热情的鼓励和真诚的赞扬。渐渐地，她愿意和我亲近了，我便主动和她谈心，告诉她说："父母感情的事自有他们的道理，你长大了会明白的。既然你的妈妈已重新组建了家庭，自己就要面对现实。一味地埋怨只能伤害更多的人，自己也不开心。"我对她的真心爱护产生了极大的转化促进作用，她开始主动做作业了，身边有了朋友，脸上也有了笑容。③感恩教育，引领学生健康成长。苏联教育家赞可夫指出："教育必须触及学生的情感领域，触及学生的精神需要，这样才能发挥高度有效的功能。"因此，作为教师要善于唤起和诱发学生对道德现象的情感体验，逐步培养学生善感的心灵，让学生真正感动，以自觉的行动克服不良行为。针对杨某的情况，我在班内组织以"感恩"为主题的班会，目的是让学生知道感恩是一种品德、一种责任。人有感恩之心，人与人、人与自然、人与社会也会变得更加和谐、更加亲近，我们自身也会因为感恩心理的存在而变得愉快和健康起来。人人拥有一颗感恩的心，才懂得去孝敬父母、感恩父母，才会懂得付出与回报，才会懂得感恩是做人的道德和修养，是人之常情。那天班会上听学生讲自己的感恩故事，令我由衷感到高兴的是我看到了她眼角闪现的泪花：这孩子的心结打开了。实践证明，这种方法是可取的，感恩教育推倒了杨某冷漠的"心墙"。她的爷爷告诉我，孙女变了，变得懂事了。

是呀，既然选择了教师这一职业，就不要吝惜自己的情感；只有自己心中拥有太阳，才能给人以阳光；只有掌握了爱的艺术，才会浇灌出绚烂的希望之花。作为教师，除了用爱来抚慰学生的心灵，还需要更多的智慧。让慧心引路，愿我的教育生涯能更高远、更美好，更有智慧。

# 第四章

## 文化创生无限可能

## 第一节　文化引领，锻造优良师资队伍

孔子曰："知者乐水，仁者乐山。"山，巍然耸立、立足根本、坚忍不拔，给人以厚德载物、勇于攀登的教育启示；海，宽广辽阔、包容百川，告诉我们博采众长、开放创新的人生哲理。笔者在学校任职期间，在"仁山载物，慧海育人"的"山海"文化理念之下，秉承"刚性如山，柔情似水"的师生管理理念，实施"责任如山，宽容似海"山海管理模式，以文化引领，不断探索教师队伍建设的新路径。

### 一、党建引领，凝聚合力

发挥"领头羊"效应——但立直标，终无曲影。2017年，日照高新区中学建成并投入使用，经过近几年的改造提升，校园环境更加优美，设施设备更加先进，教师办公环境更加温馨，管理更加规范，学校办学条件得到进一步提升。

作为学校的管理者和领头人，我按照党的教育方针，团结学校领导班子成员和中层干部率先垂范，做好学校管理的领头羊、课堂教学的领头羊、为学生和家长服务的领头羊，带领全校教师奋斗前行，力耕不欺，营造干事创业的氛围。

### 二、刚柔并济的管理生态

制度建设刚性如山、人文管理柔情似水——"解落三秋叶，能开二月花"。学校坚持破立并举，积极探索出一系列刚性、柔性政策，初步形成人岗相适、人事相宜的多元化用人机制。

### （一）仁山筑基

学校为人才创造更为和谐、公正的发展环境，坚持奖惩分明，积极构建刚性的约束机制，修订完善《教工绩效考核实施方案》《星级教师评聘考核办法》《星级班主任评聘考核办法》等一系列制度文件，用全方位、多层面的文件构建制度体系，拒斥人情因素的主观性与人为因素的随意性，兼顾新、中、老教师的实际，合理调整考核权重，破除人才发展、使用、评价和激励的制度壁障。

### （二）慧海通源

学校的各项规范行为在营造了和谐、稳定、团结、风清气正的工作氛围的同时，也让身在其中的教师"心服""心顺"。

一所学校的校长眼里应全是教师、学生、家长。对于退休教师一年三访，充分表达对教师的尊重、宽容和关爱；打造温馨课堂、温馨校园、温馨办公环境、温馨餐厅，营造幸福和谐的校园文化氛围。

## 三、弥散无形的管理效用

### （一）仁山载物，以德立身

树高者鸟宿之，德厚者士趋之。强师德，铸师魂。学校着力提升教师队伍的"知者"之德、"育者"之德和"研者"之德，每学期定期开展师德宣誓和师德教育主题讲座活动；组织师德标兵开展师德演讲；组织开展"学习张桂梅，争做赤诚奉献仁爱好老师"师德师风专题教育活动，党员教师带头履职尽责，冲锋在前。

2021年，我校德育处薛法胜主任被日照市文明办评选为"第八届全市道德模范"（"见义勇为模范"）。在歹徒持械肆意行凶的危急时刻，薛法胜老师没有丝毫犹豫，立即冲上前去，与歹徒进行搏斗。事后，薛老师才发现脖子上和脸上有多处被歹徒抓伤的痕迹。

### （二）春风化雨，德润人心

学校组织全体教师开展谈心谈话和家访活动，全面真实地了解学生的家庭状况、学习环境、居家表现等；扎实推进学生配餐和课后服务工作，落实教育"服务于民"的宗旨，有效减轻家长负担、充实学生课外生活。

## 四、管理就是解决人的需要

探索小微课题，促进专业发展——凡益之道，与时偕行。

问题即课题，教学即研究，成果即成长。我校将小微课题的探索成果应用于中层干部培养和教师队伍建设，促进了教师的专业成长和专业发展，小课题探索研究已成为中层干部和骨干教师专业成长的新途径。

"双减"政策下，学校各处室直面教学管理、教师成长等方面的问题，探索家校合作的新途径，注重引领骨干教师专业成长和中层干部管理能力的培养，在一定程度上促进了一批科研成果的相继诞生和一批科研骨干、管理人才的成长。

## 五、人人都是自我管理者

干事创业，使命担当——集思广益，积力之所举。

教师应将个人成长与学校发展紧密相连，树立"校兴我荣"的主人翁意识，主动作为，奋力成长。

学校常态化开展"头脑风暴"、成长沙龙等活动，以妇女节、端午节、教师节等节日为契机，组织趣味竞赛、职工运动会、表彰庆典等活动，努力打造一支有动力、有活力、有使命感、有担当的教师队伍。

## 六、有为有位，人人作为

创设共同愿景，搭建成长平台——尊贤使能，健全专业成长培训体系。

近年来，我校组织教师到西安、杭州、南京及日照周边学校培训学习，与名师面对面求取教学经验，观摩名校的日常管理及主要教学活动，领会名校教学的内核、精髓。

### （一）开展联合办学活动

学校先后与曲师附校、许孟镇初级中学和日照实验中学开展联合办学活动，每学期定期召开交流会，共同研究和探讨学校管理、发展和教育教学等方面的问题。

### （二）实施"青蓝工程"

学校持续开展名师工作室建设，搭建教学名师展示交流平台，依托名师工作室、"青蓝工程"培养建设高素质、专业化、创新型的教师团队。目前学校有市级教学能手和教学新秀5人，区级学科带头人、教学能手和教学新秀21人。

### （三）注重青年骨干教师培养

学校通过专家指导、课题研究、实践磨砺、学术交流等方式，促进青年骨干教师稳步成长。近5年来，学校新招聘青年教师50人，遴选出3名校长后备人才和多名"90后"中层管理干部进行重点培养；鼓励优秀骨干教师外出挂职研修，学习先进理念、先进经验。

### （四）成师

学校秉承师生共同成长的理念，三年来，教师们在课堂教学、学科教学竞赛、兴趣辅导、论文案例、经验管理等方面取得了优秀的成绩。在 2019 年以来的优质课评选中，我校多名教师获市、区一等奖；在山东省中小学优秀自制教具展评大赛和省科技创新大赛中，我校多名教师获奖；在三尺讲台默默耕耘 40 年的裴振明老师被评为"2021 年度日照最美教师"。

### （五）成学

自 2014 年以来，我校男子排球队蝉联"日照市中学生排球锦标赛"七连冠，女子排球队也多次荣获冠、亚军；在日照市第七届"国学小名士"经典诵读电视大赛中，我校秦树良同学以 259 分的总成绩斩获小学组"一等奖"，袁睿同学获中学组第二名；2019 和 2020 年，我校学生连续两年获山东省青少年科技创新大赛一等奖；2021 年，我校多名学生在日照市首届青少年机器人创客大赛中获奖。

## 七、尾声——乘风破浪，携手同行

日照高新区中学一以贯之地坚持人才强校战略，以人才培养为中心；以学科建设为龙头，以引进、培养学科领军人才和优秀中青年骨干教师为重点，以梯队建设和学科团队建设为抓手，以创新人才发展体制机制为动力，以优化人才发展环境为保障，努力造就一支结构合理、师德高尚、业务精良、符合学校办学定位并能够满足学科专业发展需求的师资队伍，为落实国家"双减"政策、提高教育教学质量提供强有力的人才队伍保障。

## 第二节 培根铸魂，匠心逐梦育英才

### 一、大教育育新人

**（一）党建引领，抓好班子建设**

我校坚持强化党组织建设，创建示范党支部；抓实"三会一课"制度，多渠道开展党建主题教育、党员培训、党员积分制管理等活动；发挥好党员"五好""五带头"的引领作用，争创区级党建工作示范校，推动党建工作出特色、创品牌。

**（二）深化改革，建设高素质、专业化、创新型的教师队伍**

**1. 深入开展师德师风教育**

学校通过师德宣誓、师德演讲、师德承诺、师德标兵评选等活动，进一步提高教师职业道德水平；学校开展"优秀教师""优秀班主任""学生最喜爱的教师""最美教师"等评选活动，使教师树立起"山一样的厚重与绵延，海一样的包容与深远"的师德形象。

**2. 强化教师培训，促进教师快速成长**

学校实施"青蓝工程"，发挥骨干教师的传帮带作用，通过"互联网＋教师专业发展"、名师流动课堂、参与名师工作室研修、"一师一优课、一课一名师"评选等形式，充分发挥名师、学科带头人和骨干教师的示范引领作用，提升教师专业素养。

**3. 以考核促落实，凭实绩论英雄**

学校创新教职工绩效考核评价机制，实施量化考核，将考核成绩作为教师晋职、评优、绩效工资分配等的重要依据。

### （三）立德树人，深化学校文化建设

我校丰富以"山海"文化为主题的校园文化内涵，萃取高山的宽厚与仁爱，汲取大海的灵动与智慧，以打造"山海"文化为载体、以培养"山海"品质为重点，充分发挥学校文化的育人功能，培养"美德如山、智慧如海"的新时代少年。

### （四）精心施教，抓好教育教学质量

我校教学质量三年迈进三大步，今年中考再获佳绩，升入重点高中、普通高中比率再创新高。下一步我校将继续落实好国家三级课程实施方案，开全、开足课程，积极开展以"学生主动、问题驱动、合作探究、多元互动"为特色的"仁智"课堂教学研究，打造"轻负、高效、人本、发展"的课堂，促进教育教学质量再提升。

### （五）抓实安全工作，打造平安校园

我校领导班子成员牢固树立"安全第一、以人为本"的思想，抓实安全工作。一，加强食品安全管理，守护师生"舌尖上的安全"；二，定期检查，加强消防安全管理；三，实行校园相对封闭管理，落实各项安全措施；四，加强安全常态化教育，定期举行防震、防火、防暴恐袭击、校车突发事件应急疏散演练等活动，增强师生的安全防范意识。

心之所向，身之所往。作为一名基层校长，多年来我的教育初心从未更改。立德树人，托举希望，让每一个生命幸福完整，是我们每一名教育工作者的职责和担当。让我们怀着一颗感恩的心，继续发扬"艰苦创业、拼搏进取"的奋斗精神，默默奉献，辛勤耕耘，超越自我，再创佳绩，为实现"让每一个孩子成就梦想，让每一个家庭实现希望"的教育目标，作出我们应有的贡献！

## 二、"大先生"得以成长

2022年4月，习近平总书记在中国人民大学考察时强调："教师要成为大先生。"何为大先生？我想应该是心怀国之大者，把教师的职责与国家、民族的利益结合在一起；我想应该是有着精湛本领，同时又是立德树人的能者，能担负起为党育人、为国育才的使命。

我校前身为创建于1993年的日照街道城北中学。结合学校历史文化，我们围绕"强师兴校"，实施新时代基础教育强师计划，培养造就一支高素质、专业化、创新型的"立德树人"优质教师团队，努力做学校里的"大先生"。

党的二十大报告中指出，我们要办人民满意的教育。我们深入学习贯彻习近平总书记对教育工作提出的一系列富有创见的新理念、新思想、新观点，落实立德树人根本任务，争做新时代"四有"好教师、大先生。

我们邀请学校的老教师、老校友讲述发生在校园里的故事，增强教师对学校的归属感，从而继承优良的奋斗传统；我们聚焦"仁智"课程的深入实施，通过育人方式的创新，在实践中引领教师创新发展；学校每年都会举办"感动校园人物"系列评选活动，教师的成长被看见、被肯定、被鼓励、被激发，有助于形成勇于担当、奋发有为、争先创优的教师队伍；我们建立校本培训新方式，学校以课程中心为辐射原点，形成以目标为引领、以需求为中心、以时效为前提的三级培训体系；学校组建的仁智课程研发团队发挥课程评价激励作用，改变了过去将成绩作为评价师生发展的唯一方式；我们坚持"强师兴校"，我们坚信，课程不仅是学生学习生长的路径，更是我们教师自身专业发展的不竭动力。我们呼吁日照高新区中学的教师，努力传承教育使命，努力具备综合育人和课程开发实施能力，努力成为人民满意的好教师。

我们将继续全力推动，让教师成为先进文化的传播者、党执政的坚定支持者、学生蓬勃成长的指导者；我们将继续推进育人方式的转变，利用学校的主题馆室资源，创生仁智课程体系实践新模式、仁智课堂新范式，促进学生全面、健康、和谐地发展；立德树人，追梦未来，让每一个生命个体都能够蓬勃成长。

# 第五章

## "山海"文化培育"仁智"学子

# 第一节 "感动"文化打造"人本"校园

"感动"是一种道德震撼所产生的情感互动,是真情传递,是爱心复苏,是道德升华,是有形的而又无形的教育,是人的心理质变的临界点。作为一名基层教育工作者,笔者于2009年8月担任陈瞳中心初级中学校长后,在重视学校制度建设的同时,更注重学校管理中人文因素的发掘和升华,提倡在教师队伍建设和学生德育工作中渗透感动教育,推进学校品牌化、特色化进程,做到以人为本、和谐发展。

## 一、基本思路和出发点

以《教育部关于进一步加强和改进师德建设的意见》(以下简称《意见》)、《新时代公民道德建设实施纲要》(以下简称《纲要》)、《中共中央国务院关于进一步加强和改进未成年人思想道德建设的若干意见》(以下简称《若干意见》)为依据,以"把学生当自己的孩子培养,做人民满意的教师"为出发点,我校将感动教育寓于教师与学生关系的和谐中、教师与管理者关系的协调中、教师与其他相关人员关系的调适中,努力建设一支师德高尚、学生爱戴、家长拥护、社会信赖的教师队伍;培养学生"感动"意识,培植和谐人际关系,培育高尚的价值取向;加强学校、家庭、社会之间的互动,凝聚教育合力,实现教育共赢。

## 二、基本内容和活动目标

学校以开展"感动教育"活动为突破口,精心培植学校"感动"文化,学校领导率先垂范做出榜样,以敬业精神感动教师;教师自觉增强教书育人意识和"以身立教"的社会使命感,关心学生、爱护学生,以敬业精神感动学生；学生之间团结友爱、互帮互助，感动成为学生自立意识、自尊意识和健全人格的体现。教师引导学生常怀感动之心，学生在感动中乐学、勤学，提升自己的素质和潜能，在感动中接受教育、陶冶性灵、升华人格，以实际行动回报社会。

## 三、具体措施和心得

### （一）目标鼓舞人心，行动凝聚人心

教师队伍建设是学校的生命线，一支稳定的教师队伍是学校发展的根本保证。学校提出了"校长感动教师，教师感动学生，学生相互感动，学校感动社会"的感动教育活动总体目标。校长是一所学校的灵魂所在，他必须是一个人格高尚、高瞻远瞩，且又是实实在在、不高高在上的学校教职工普通一员。作为校长，其言行为师生之标准、典范。校长首先要对教师工作"放心"，知人善任，多给教师锻炼的机会，让教师放开手脚干工作，并对教师在工作中出现的困难与失误及时予以指正。我校在实施"感动教育"活动中开展了"中层干部挂职锻炼"活动，让每一名教师轮流到学校各处室以中层身份挂职一周，参与各处室的活动，既让其体验学校领导层工作的纷繁复杂，又增进干群之间的了解，缓和干群关系；校长对教师在生活上要无微不至地关心，让教师感受到真切的关爱，这样教师才会有更强的工作动力，心怀感动。我校总是努力为教师创造外出学习的机会，一方面教师与名家对话，掌握先进的教育思想和教学方法；另一方面教师对外出学习所在地的人文景点进行参观游览，开阔视野。学校还努力为教师营造舒心的工作环境，注意每一名教师的情绪，创造宽松、舒心的工作环境，协调教师之间、师生之间、教师与家长之间的关系，公平公正地对待每一名教师，让教师心情愉悦地投入

工作，自觉主动地去尝试、去挑战。

教师心怀感动，幸福地享受工作，用集体的智慧去创造教育的奇迹。激励和感动将成为他们工作取之不尽、用之不竭的动力，从而令他们在积极向上、拼搏进取的大环境中各尽其责、各司其职，人人都有主人翁意识，乐业、敬业真正成为教育教学工作的主旋律。

**（二）关注德育主体，创新德育模式**

现行德育教育多是重说教的灌输式德育、重管教的高压式德育以及重形式的活动性德育，虽然强调德育工作者的主观能动性，但忽略了学生这个德育主体及学生主观能动性的发挥，使学生很难或很少有深刻的体验和情感的共鸣。学校在学生中开展感动教育，让学生感知感动、体味感动、践行感动，以实际行动感动别人，收获别人带给自己的感动，在感动中升华内在情感、塑造完美人格、培养健康情趣，德育教育的内容成为学生的自主意识和自觉行为。我校开展了"感动校园"主题征文、"感动校园"主题班会、"平凡中的感动"演讲比赛以及每学期一次的"感动校园之星""感动校园优秀班集体"评选等活动，还有"给同学做一件有益的事""给班级做一件有益的事"等活动，掀起了学生之间互帮、互助、互学、互进的热潮，增进了学生之间的友谊。走进学校，我们似乎看不见德育的影子，但所到之处又充满德育，处处有学校德育的痕迹和成果——校园内洁净整齐，学生精神抖擞、行为举止彬彬有礼，语言充满了自尊、自信，校园呈现出和谐、奋进的良好氛围。

**（三）师生互动教学，人格心理锤炼**

教师立足于对学生情感的培养，坚持教育活动化、活动生活化。倘若教师没有真情、学生缺乏感动，教师仅仅靠说理来对学生进行教育，是很难取得成效的。因此教师要努力做到在课堂上坚持以学生为主体，积极进行师生互动，洞察学生心理、了解学生喜好、倾听学生意见，让学生在真诚的氛围中接受知识。用爱心滋润每一位学生的心田，对痛苦的学生说句安慰的话，对感到孤独的学生说句温暖的话，为胆怯的学生说句为他们壮胆的话，为自卑的学生说句鼓励其自信的话，为迷惘的学生说句开导他们的话，为沮丧的学生说句鼓励他们的话，为遇到困难的学生说句暖心的话，为偏激的学生说句让其保持冷静的话，为懒惰的学生说句鞭策的话，为受冷落的学生说句公道话……学校开展导师制活动，无论是班主任还是普通任课教师，都特别注重用自己的一言一行感动学生，做学生学习上的良师、生活中的益友，急学生之所急、想学生之所想，潜移默化地感化学生心灵，陶冶其情操，升华其精神境界。

教师的谆谆教诲、为教学工作呕心沥血是学生学习成长的动力，会激发他们内心深处的求知欲和进取心。学生自觉营造积极健康的学习环境，确定学习目标，确定追赶对象，并感动于教师的付出，以实际行动展现自我价值，回报教师的辛勤付出。学校开展"学生向老师献真情"活动，学生送教师一句温馨的祝福，遇到老师自觉点头问好，按时完成教师布置的作业，以实际行动表达对教师的感激之情。

### （四）家长心怀感动，社会充满感动

学校与家长、社会之间的沟通联系，能更好地促进学校良好形象的树立及和谐校园建设。一，学校以"家长学校""家长开放日"活动为主要载体，充分表现学校办学理念、办学水平和办学特色，展示学校在教育教学方面取得的优异成绩以及教师队伍中的感人事迹、优秀学生的风采，以此激发家长关注学校教育的积极性。二，学校采用教师家访、座谈会、上门走访、发征求意见函等多种途径和方法，广泛征询社会各界对学校建设、发展方面的意见、建议，并对学校工作进行满意度测评。根据学校实际，积极宣传学校工作，听取各方意见。学校加强与学生家

长、社会的沟通互动，更好地形成教育合力，在互动中实现感动，在感动中付诸行动，在行动中实现多赢，真正得到家长认可、社会肯定。

充分发挥道德情感的积极作用是现代道德教育的一条重要途径，感动播撒爱的种子，感动净化师生心灵。以上只是我校在学校文化建设中采取的一点不成熟的做法，恳请各位领导及专家提出宝贵意见。

## 第二节 "尚礼"教育打造行为文化

笔者于2012年8月至2017年8月期间任职于日照第三实验中学，该校建于1983年，有26个教学班，目前在校学生1288人，有教职工130人。在多方论证的基础上，学校确立了以"尚礼"文化为学校文化建设的核心，打造学校特色文化品牌的思路。经过几年的努力，学校的"尚礼"学校特色文化品牌建设初见成效。

### 一、推出文化理念，实施尚礼教育

#### （一）找寻理念渊源，确定尚礼理念

在先秦儒家礼学思想中，"礼"是国家治国的原则和纲领。"礼"也是孔子儒家学说的核心。《荀子》中说"人无礼则不生"，《论语》有云"不学礼，无以立""君子博学于文，约之以礼，亦可以弗畔矣夫"，强调"礼"在个体道德领域的重要作用。由此可见，"礼"文化是中国传统文化的重要组成部分，几千年来，人们赋予"礼"以崇高的地位。尚礼，顾名思义，就是通过"礼"的约束加强自身修养，达到一种崇高的道德境界。

## （二）教师修身养性，引导学生自觉

我们提倡"尚礼"的出发点之一就是希望每位教师都能学习孔夫子以"礼"自约、修身养性，汲取传统文化的精华，把加强自身师德建设变成一种自觉的行为，不断提升自我。而提倡"尚礼"对于学生意义更为深远，我们进行常规管理、开展学生德育工作时，在进行《规范》《守则》教育的同时注意开展好"尚礼"教育，这样可以有效引导青少年的思想，有效地增强学生的自律意识，使学生自觉地"让外在的行为规范转化为内在的道德修养"。

## （三）吸取思想营养，重建现实意义

在今天的学校文化建设中，在学校管理、师德建设和学生德育工作中，儒家传统礼学思想无疑是一个最好的载体，让师生从传统儒家的礼育思想中汲取丰富的营养，感受并学习"礼"文化的精髓并在实际生活中加以践行。大力弘扬和倡导"礼"文化，对于提升全校师生的道德素质、建设文明校园具有重要的现实意义。

# 二、营造文化氛围，课堂积极践行

学校以"尚礼"文化为核心，深入挖掘传统"礼"文化内涵，将传统"礼"文化与现代文明结合起来，并赋予其时代特征，按照学礼—知礼—明礼—达礼的层次和步骤，引导广大师生学习中华传统文明礼仪文化的精髓，提升全校师生的文明意识、观念和道德素质，建设特色鲜明的学校"尚礼"文化品牌，促进学校文化内涵的全面提升。

## （一）注重环境育人，营造文化氛围

学校东院墙以"尚礼"为主题设计的150平方米的大型壁画，将被赋予时代特征的"尚礼"文化用图文并茂、通俗易懂的形式展现出来；设立了"尚礼之星"和"明礼之师"专栏，对优秀学生、优秀教师定期进行评选表彰。

教学楼内，一到四楼走廊文化展示橱窗被分为四个主题：一楼"学礼"，以图文并茂的形式展现传统蒙学经典《弟子规》的内容；二楼"知礼"，展现的是古代儒家文化所倡导的仁义礼智信和现在江苏省倡导的"八礼四仪"；三楼"明礼"，展现的是历年"感动中国"人物和古代明礼励志小故事；四楼"达礼"，展现的是教师礼仪和古今中外名师风范。学校走廊文化主题鲜明，层层递进，别具匠心。

### （二）编撰校本教材，发挥德育作用

学校成立了校本教材编纂委员会，编纂了《日照第三实验中学教师礼仪规范》《学生礼仪规范》等，并将其确立为校本课程教材，做到定教材、定教师、定课时。

### （三）发挥讲堂作用，强化道德洗礼

教师讲堂设立"尚礼"教育专题，在教师中开展职业道德和职业礼仪文化教育，引导教师继承和发扬传统"礼"文化，修身养性，不断提升自我，打造文明之师、礼仪之师。教师在学生中开展以礼仪、礼貌、礼节为主题的教育活动，同时开展以《弟子规》等传统文化载体和传统美德教育作为补充的文明礼仪教育，坚持宣传教育与实践活动相结合、思想教育与日常管理相结合的原则，培育"尚礼之星"。

## 三、开展多项活动，深入开展文化建设

为推动"尚礼"文化建设深入发展，我校每学期都会有计划地开展相关活动，将"尚礼"教育寓于各项活动之中。

### （一）定期举办主题活动，实施尚礼教育

初一新生入学军训期间我们会有6课时的"初中礼仪常识"主题培训；召开"文明礼仪伴我行"主题班会活动；经常性举办"我们身边的礼仪"文明礼仪征文或演讲比赛活动；结合中国传统节日开展"尚礼"教育活动，例如在每年9月全国"中小学弘扬和培育民族精神月"及全国"公民道德宣传日""教师节""中秋节"等节假日和重大纪念日期间进行文明礼仪教育；组织学生开展文明礼仪体验教育活动。

### （二）结合日常学习，规范师生行为

我校坚持文明礼仪教育与师生日常学习生活相结合。我们注重加强对学生日常交往、衣着、言行的督查、指导和教育，将文明礼仪教育落实到课堂教学与学生的日常生活当中；学校设立文明礼仪实践活动监督岗；对学生文明行为的评价已形成完整的评价体系，每月在全体学生中开展"尚礼之星"的评选，推选出的优秀典型为学校的精神文明建设增添了靓丽的色彩；将"尚礼"文化建设和师德提升工程紧密结合，在教师中开展"文明之师""礼仪之师"评选，强化师德教育，规范教师行为和语言文明。

### （三）践行家校合一，凝聚教育力量

一，我校开展"小手拉大手"活动，让一个孩子带动一个家庭，在让孩子学礼、知礼、明礼的同时，带动提升其各自家庭成员的道德素质和文明素养；二，通过致家长一封信、家校联系卡、学校开放日等形式，面向学生家长进行宣传培训，加强对家长文明礼仪意识的教育，让家长在其各自家庭中发挥"身教胜于言教"的作用；三，我们充分利用公益活动、寒暑假等，倡导学生走出家庭、走进社区，宣传礼仪知识、实践礼仪行为，做文明礼仪的宣传者、实践者和示范者。

"潮平两岸阔,风正一帆悬。"五年来,日照第三实验中学通过践行"博学于文、约之以礼、道之以德"的育人理念,深入开展"尚礼"特色文化教育,促进了学校文化内涵的全面提升。学校先后荣获"山东省语言文字规范化学校""山东省实验教学示范学校""山东省国防教育先进单位"等荣誉称号。2015年,我校被山东省教育厅授予"省级规范化学校"称号。成绩仅代表过去,未来任重道远。在未来的日子里,我们将不断开创学校科学发展的新局面,谱写教书育人的新篇章。

## 第三节 打造"山海"文化,培育"仁智"学生

著名学者朱永新先生在《我的教育理想》一书中说:"我心中的理想学校应是一所有品位的学校;一所有品位的学校,一定是一所有其独特的校园文化的学校。"笔者于2017年8月开始担任日照高新区中学校长。该校是一所九年一贯制学校,学校东临黄海,依山傍水,在山水上做文章是我校确立学校文化内涵的基础。

孔子曰:"知者乐水,仁者乐山。"山,巍然耸立、立足根本、坚忍不拔,给人以厚德载物、勇于攀登的教育启示;海,宽广辽阔、接纳百川、博大精深,告诉我们要博采众长、开放创新的人生哲理。我立足校情,挖掘并提出了"仁山载物,慧海育人"的"山海"文化理念,概括出了"提升内涵求特色,立足创新求发展"的办学思路,激励学生品比山高、心比海阔,培养美德如山、智慧如海的新时代少年。

### 一、营造山海温馨氛围,优化育人环境

富有生命力的校园环境会"随风潜入夜、润物细无声",对学生产

生潜移默化的影响。因此学校秉承"让每一块墙壁都会说话,让每一棵花草都能传情,让每一幅图画都能会意"的环境育人理念,着力打造新的山海文化校园环境,让校园里处处洋溢着浓厚的山海文化氛围。校园的每一个角落、每一块墙壁,从教学楼等主体建筑到文化雕塑,从校园布局到教室设计,都根据山海精神精心设计、优化布局。小学部、初中部共有"启智楼""知行楼""行远楼"三座教学楼,按照年级段精心安排。"启迪心智""知行合一""行高德远"循序渐进,使山海精神如春风化雨般滋润着学生健康成长。

走进校园,处处洋溢着"仁山载物,慧海育人"的山海文化气息。校园里"见缝插绿",高大的杉树、挺拔的杨树、翠绿的小草等错落有致,每到春夏季节散发着各种芳香。室外重点打造学校主干道文化长廊,选取适当位置建设"领航文化广场",激励师生"品比山高,心比海阔"。教学楼内,每一层都建设有一条山海文化走廊,介绍学校中的"山海"特色班级,展示学生的作品,张贴与"山海"相关的名言警句,向学生渗透中国传统文化和美德教育,让学生所到之处都有美映入眼帘并且滋润心灵。教室的布置兼顾共性与个性,教室里有学生自发捐赠的花草,它们不仅优化了校园环境,还营造了浓厚的学习氛围。在每个班都有一个班训、一个口号、一个公约、一个光荣榜、一个图书角的"五有"文化建设基础上,各班师生根据各自班级学生的特点创设不同的主题、形成各自的风格,鼓励和引导学生参与班级文化建设,让教室成为学生表现自我、彰显个性的主阵地。

学校以此把教育目的和科学文化知识融进校园的每一个角落,让自然与人文交错,彰显校园文化建设的和谐之美。

## 二、创设科学管理机制，搭建民主平台

作为校园文化的内在机制，制度文化是维持学校正常秩序的保障系统。良好的管理面对的是活生生的人，处理的是"知"和"行"的关系。一所学校要持续发展，既需要高屋建瓴的洞察，也需要良好的管理，二者缺一不可。雨果说："世界上最广阔的是海洋，比海洋更广阔的是天空，比天空更广阔的是人的心灵。"为了培养学生具有海的气度，让每一颗心灵都装满山一般的责任，我校努力打造"责任如山，宽容似海"的山海式管理。

### （一）"刚性如山，柔情似水"的教师管理制度

日照高新区中学将山海精神融入学校管理实践，实施"刚性如山，柔情似水"式的管理制度，既有原则上的刚性，又有人文上的柔性。

"刚"就是规范、规则、制度和标准，是硬性的，是办学的规矩和原则，让管理有法可依，为学校发展提供保障。日照高新区中学制定了《日照高新区中学常规管理要求》《日照高新区中学校本教研制度》《日照高新区中学班级管理要求》《日照高新区中学常规知识手册》等工作管理制度，从教师到学生、从课内到课外、从做人到育人均有章可循。从师生的到岗到位、仪表言行，到日常工作、教研教改、课题研究，各项工作都井然有序地进行。学生的纪律、学习、卫生、礼仪等方面得到规范，形成"自我养成—逐渐适应—习惯遵守"这一良性循环，师生文化生活健康发展，形成了校园内"事事有人管、时时有人管、处处有人管"的良好风气，师生焕发出奋发、向上、文明、尚美的精神风貌。同时，我校十分重视学校文化建设研究，学校领导班子成员经常学习学校文化建设方面的理论文章，多次就学校文化建设问题进行研讨。在此基础上，学校合理规划，建立和完善相关制度，制定了《日照高新区中学

学校文化建设实施方案》《文明班级评选方案》《师德建设实施方案》等，为促进我校学校文化建设的不断发展提供了方向和制度保证。

"柔"就是在坚持原则的基础上，人性化地相互尊重、理解和关爱。日照高新区中学对师生进行价值认知层面的引导，让师生明白为什么要遵守相关规定以及遵守规定对自身成长的意义，进而在内心认同学校的规章制度，真正认识到自己应该做一个什么样的教师、学生，自己的言行举止应该符合什么样的职业道德、什么样的行为规范。每名教职工都可以充分参与学校的制度建设，教代会制度、民主议事制度、校务公开制度以及完善教师队伍管理的各项规章制度都为这种参与机制提供保障。

在"山海"管理实践中，日照高新区中学还实施"人性管理，理解欣赏"式的教师管理制度，让教师幸福起来，并且通过"师德宣讲""登山活动""教师联谊会"等多种途径努力消除教师的职业倦怠。

### （二）"自主管理，自主发展"的学生管理制度

日照高新区中学在"山海"管理实践中实施"自主管理，自主发展"的学生管理制度，即学生自我分析、自我约束、自我训练、自我激励、自我检查、自我评价制度。学校中的每名学生都有班级岗位，人人有事做、事事有人做，学生学会从小事做起，负责完成好每一项任务，从而培养其集体荣誉感、责任意识和主人翁意识。学校还推出了"自主班队活动""自主板报""自主墙报""自主值日"等活动项目，由班级自主选择申报实施，进一步强化学生"我能自主"的意识。通过一系列自主管理活动，学生实现生活自主，自己的事情自己做，学会自我服务、自我管理，养成良好的生活习惯，与同学建立起和谐的人际关系；学习自主，变"要我学"为"我要学"；活动自主，积极主动地参与学校和班级管理，创造性地履行好班级岗位职责，乐意为大家服务，有自主组织活动的能力。

此外，学校充分调动一切资源，实施"互动联盟、交流互促"式的学校管理制度，努力做到家、校、社区良性互动，调动家长委员会和社会各界支持、参与学校管理的积极性。同时，学校积极拓展外部资源，与曲师大附属实验学校结成联盟学校，实现管理、教学互联互通，形成合力。

日照高新区中学"刚柔并济"式的管理制度，既能充分发挥师生的主观能动性，又能充分展示师生的个性特长，从而形成"人人定制度、制度管人人"的和谐制度建设新局面。

## 三、研发"仁智"校本课程，助推人文素养提升

"知者乐水，仁者乐山"，在"山海"文化的基础上，学校"仁智德育"理念应运而生。我校着眼于学生核心素养的提升，围绕"山海"文化积极开发"仁智德育"校本课程，以学校德育校本课程推动山海文化建设，促进每位学生健康成长。山海人文教育读本《仁·智》、山海文化科普类读物《山之行篇》和《巨轮启航》《校园排球技艺》《京剧进课堂》等校本课程，正潜移默化地影响着学生的一言一行。学校文化渗透于学科教学逐步走向日常化，帮助学生树立正确的世界观、人生观、价值观，塑造健康向上的人格。

## 四、开展多彩校园活动，绽放素质教育活力

孔子曰："以德教民。"德育教育活动是学校教育的根本。学校以"大爱如山，博爱如海"教育学生，用智慧之爱温暖学生，用平等之爱尊重学生，用信任之爱激励学生，用高尚的德育鼓舞学生。学校构建"2+3"德育模式，"2"指两个方向（即走进学生心灵，走进社区生活），"3"指三个实施策略（即美德教育、生活体验、社会实践），从根本上

改变了以往德育工作单一的课堂教育模式。我校进一步开展"知山海—爱山海—悟山海—创山海"的递进式山海文化活动。

发挥升旗仪式、黑板报、宣传栏、校园网、微信等宣传主阵地的作用，举行宣誓、召开班队会、举行演讲比赛、校外实践活动等形式多样的各种教育活动；设立"文明监督岗"加强学生的自主管理能力，对学生进行日常行为规范教育；抓好"养成教育"，提升学生道德素养；结合重要节假日、纪念日，开展各类有意义的主题教育活动（开展好"我们的节日"——春节、清明节、端午、中秋等主题教育活动；结合学雷锋活动月积极开展"弘扬雷锋精神，争当美德少年"主题教育活动；结合五四青年节，举行"不忘初心跟党走"主题教育活动；结合国际妇女节、母亲节、重阳节开展"感恩教育"活动；结合九·一八、国庆节对学生进行"中国梦"主题教育活动）；加强法制安全教育，提高学生安全意识、文明自律水平；以日照市文明城市创建为契机，结合文明校园创建活动，开展"我的家乡日照美""向不文明行为说'不'，做一个有道德的人"等主题教育活动，对学生进行社会主义核心价值观教育；举行学雷锋环保公益活动、迎新春送祝福、亲子阅读、扫黑除恶宣传进社区等多种形式的志愿服务活动。

此外，学校还结合实际开展以展示为主的特色文化活动项目——读书节、科技节、艺术节、体育节，以及"我所认识的山海""我爱山海校园""我心中的山海校园"等征文、摄影、绘画、故事讲演等各类文化展示活动，进一步深化山海文化活动序列，让学生在"认、说、写、画、唱"的基础上真正达到"悟、创"，让学生自己动手、自主参与、自主体验，培养学生的自立能力和创新精神，彰显学生个性风采。

学校通过丰富多彩的活动，引导学生养成良好的道德行为规范，让"仁智"种子在学生心中生根发芽，绽放校园文化活力，学生在活动中学会珍惜、学会感恩、学会奉献。

新时代，新教育，新使命。日照高新区中学将不忘教书育人初心、牢记立德树人使命，致力于打造"山海"文化，培育"仁智"学生，为了更美好的教育，自强不息，砥砺前行，努力让学生接受更优质的教育，创建新时代优质学校，书写好在教育之路上奋进的新篇章！

## 第四节　书香校园，日新教育

读书已成了我的一种生活方式。读书可以让人保持思想活力，让人得到智慧启发，让人滋养浩然之气。

日照高新区中学是一所既古老又年轻的学校。说古老，因为它前身为日照城北中学，创建于1993年；说年轻，是因为它由原莲村小学、第八小学和城北中学三校合并，是新建的九年一贯制十二年一站式学校。

学校生源大部分来自周边农村，另一部分为进城务工人员子女，情况复杂，学生素质良莠不齐。我刚接手就面临着三校合一、新校搬迁的问题："学校环境检测达标吗？""上学路远了，孩子谁接送？""该怎么分班？老师好不好？"……家长、学生有疑问，教师、干部有顾虑，可谓困难重重。是迎难而上还是退而求稳？通过不断地开会、走访、调研，情况了解越透彻，我心里越明亮：没有克服不了的困难，稳中亦可求进。最为幸运的是，2014年我们遇见了新教育，遇见了新希望。

新教育实验认为，教育应该"顺应时代发展，不断改革、不断完善、面向未来"，主张"让教师和学生与人类的崇高精神对话"，强调"教育应该培养美好的人性，让学生拥有美好的人生，从而建设一个美好的社会"。在新时代背景下，我和全校教师牢牢抓住机遇，以习近平新时代中国特色社会主义思想为指导，以"过一种幸福完整的教育生活"为理念，行动起来营造书香校园，追寻有温度的新教育。

### （一）现代建筑透书香

新教育实验把"营造书香校园"作为十大行动的基础，我们坚信"没有书香的校园不是真正意义上的学校，没有书香的校园，教育只是一个训练的场所"。

于是，我们以"我爱阅读"为主题，以经典传统文化、古典诗词、中外名著等为主要内容，充实和完善校园文化阵地建设，渗透书香文化。首先，我们以"校园—走廊—班级"三位一体的形式打造书香氛围，在设立图书馆的基础上，在走廊设立图书墙，在教室设立图书角，让冰冷的建筑盈满了书香。漫步校园，你会发现书香阅读的标语十分醒目——"书籍是人类思想的宝库""读一本好书，就是和许多高尚的人谈话"……进入楼道走廊，你会发现文化墙上的"仁智教育"别具匠心：孩子们研学的足迹、读书的感悟、感谢母亲的手抄报……走近图书角，你会看见绿植充满生机，学生的借阅记录详细而又认真，小小角落被图书管理员打理得井井有条。其次，我们每月设置不同的读书主题，如"美德故事""仁德教育""红色赞歌"等；在每个主题阅读月，我们除了及时更换读书宣传版面外，还会组织一系列丰富多彩的活动。

三月是春暖花开、万物复苏的时节，我们开展了班级书香文化墙评比活动。班主任带领学生齐心协力，热心的家长也相助一臂之力，纷纷为文化墙添红加绿。一群阳光下的花朵，开出了满墙的智慧之花、幸福之花。班级书香文化墙体现着班级的精神风貌，充满着智慧的结晶，给学生带来了无尽的激情和欢乐，也给学生家长和教师带来了满满的感叹和惊喜。

"景物有文化，墙壁会说话，处处有教育。"这些看得见、摸得着的文化载体，让学校书香氛围日渐浓厚。

## （二）教研生活书相伴

根据新教育理念，我们认为"平庸的教研造成教师的平庸，卓越的教研成就教师的卓越"。话虽简洁，但它点明了一所学校的教研氛围对于身处其中的每一名教师的影响，这种氛围就是学校文化在教研方面的体现。

我们首先在教师中倡导"书香为伴"的理念，将朴素的"读书是一种需要"上升为"读书是一种有益的生活方式"，倡导全校教师共读一本书。（如《致教师》）我们要求教师认真读好四类书：读经典名著，增文化底蕴；读教学专著，强教学实践；读教育学理论，悟学生心理；读报纸杂志，解世事风情。在此基础上，学校倡导教师个人自觉学习，每学期每名教师至少研读一本教育专著，精读一本经典名著，至少撰写三篇教学随笔。有三名教师的随笔在"全国中小学教师读写比赛"中获奖，作品入编《快乐读写》教材。

我们要求各教研组根据新教育"理想教师"的理念相继开展了"山海文化大讲堂""相约星期三"教师研讨日、"佳书有约"等教研活动，这些活动异彩纷呈、极具特色。同时，我们还将校本教研、校本培训融入教师文化建设，鼓励教师开发以"山海文化"为主题的校本系列课程。《诵读经典》《七彩诗韵》等校本课程的实施，既让学生感受到中华古诗词文化的博大精深，提升了阅读的层次和品位，又展现出教师们追求高远卓越的人生情怀和生长鲜活的田野智慧。

理论需经实践检验，教研也要落实到教学工作中去。我们组织开展了"最爱读的一本书"板书设计和"阅读课课堂开放月"教研活动。精炼的文字、富有创意的设计、引人入胜的阅读课教学，不仅提高了青年教师的教学技艺和人文素养，更重要的是激发了学生阅读的兴趣，让学生喜欢上读书，开始用美丽的童书滋润童年。

### （三）班级文化精彩纷呈

"读书是人类重要的学习方式，精神的提升和传承必须强化阅读。"我们在各个班级里设立图书角，倡导"人均一本课外书"；在黑板报、宣传橱窗等张贴悬挂宣传读书标语、读书格言、读书口号以及读书方法等方面的内容；通过召开主题班会、国旗下演讲等形式由学生推荐看过的好书、新书，相互交流读书心得，形成良好的读书风气，引导学生自主读书；通过开展课外阅读记录卡、书香家庭评比、读书故事会、诗歌朗诵会、规范汉字听写大赛以及"我的中国梦——书香伴我行"诵读活动，在学生中倡导"读好书，好读书，会读书"。为此学校还整合各方面的资源，专门编写了"书香校园"系列读本，以此为载体激发学生的读书兴趣，养成读书好习惯，让读书渐渐成为学生的一种生活方式，为其终身学习打下基础。

习近平总书记指出："民族文化是一个民族区别于其他民族的独特标识。"端午节是中华民族的传统节日，于是我们组织开展了"粽叶飘香·情系端午"班级主题活动，以"走近端午、诵读端午、描画端午、亲历端午"等形式，让学生在活动中了解端午节的来历和习俗，了解爱国主义诗人屈原的生平事迹，吟诵有关端午、屈原的诗作。除了端午节活动，我们还相继开展了"我爱中国传统节日"系列班队活动，让学生感受中国传统文化的内涵，亲身体验传统节日的独特魅力，激发学生的民族自豪感和爱国热情。

### （四）永不落幕的读书节

"没有书香充溢的校园，就没有真正意义上的学校；没有书香的校园，教育只是一个训练的场所。"按以往的传统，学校每学期都要进行一次读书活动，但我认为，读书节应该永不落幕。于是，我们合理规划了"浸润书香·快乐成长"读书节，并开展了丰富多彩的阅读活动。

**1. 古诗词考级大赛，弘扬中华古诗词文化**

大赛前期以级部为单位，选取适宜的唐诗宋词等国学经典作为朗诵内容，制订好每周的朗读计划，诵读形式多样，教师会对学生进行必要的朗读指导，帮助其处理好语调、语速、重音、节奏、情感等方面问题。

古诗词考级大赛分为初赛和复赛两个阶段。初赛以班级为单位，每个班从初赛选手里选拔十名诵读流畅、发音标准的学生作为班级的古诗词考官团队成员，负责复赛时全班古诗词考级的量化考核。

我们欣喜地发现，古诗词考级大赛活动丰富了学生的想象力和语言积累，学生们在诗意的洗礼中变成了一个个小诗人。虽然比赛已经圆满结束，但学生对诗词的热情、对诗词的热爱并不会止步于此。未来的日子里，我们将会让学生的热情转化为源源不竭的动力，优秀的诗词文化必将得到传承并发扬光大，这是每个中华少年义不容辞的责任。

**2. 师生共写，传承经典**

五月，我校举行了"师生共写，传承经典"诗词书写大赛。师生共写大赛旨在引导广大师生从我国经典古诗词入手，弘扬社会主义核心价值观、传承中华优秀传统文化。师生同桌共同书写经典，既是一次经典文化的盛宴，又增强了学生阅读与书写的兴趣，将传统文化与社会主义核心价值观有效地融合起来。

**3. 诵读国学经典，争做山海美德少年**

金秋时节，日照高新区中学小学部"传承中华优良传统，争做山海美德少年"经典诵读活动拉开帷幕。诵读国学经典，彰显华夏文明，弘扬民族精神，展示选手自我风采：五年级（2）班的《我们的祖先名叫炎黄》展现了中华五千年的悠久历史和底蕴深厚的民族文化；四年级（2）班的《少年中国说》展现了我校山海学子意气风发的精神风貌……

我校一直以来高度重视学生经典诵读，扎实开展经典诵读活动，让青少年学生通过诵读国学经典，把传统经典中的正能量与社会主义核心价值观结合起来,做到"知行合一,学以致用",继承和弘扬中华优秀传统文化,滋养爱国主义情怀,践行社会主义核心价值观。2017年5月,我校先后获得东港区师生经典诵读团体二等奖、日照市经典诵读(小学组)二等奖、日照市师生经典诵读(中学组)二等奖等多个奖项。

**4. 亲子共读,争创书香家庭**

在共读实践中,新教育认为,要让孩子喜欢阅读,父母的引导和榜样示范非常重要。"一个人日后会成为怎么样一种人,端看他父亲书架上放着哪几本书来决定。"为此,我们主张开展家校互动、亲子共读,让学生和家长都加入共读中来。

"你或许拥有无限的财富,一箱箱的珠宝与一柜柜的黄金。但你永远不会比我家富有——我有一位读书给我听的妈妈。"我们将先进的理念、切实有效的方法传递给学生家长,营造亲密和谐的书香家庭氛围。通过"亲子课堂"的形式,我们在家长和孩子之间建立互动的阅读关系和正确的阅读观念和方法,鼓励学生和家长共同阅读。在此基础上,学校相继开展了"亲子阅读大擂台""坚持阅读30天""快乐阅读家长交流会""我和星期天有个约会"亲子阅读活动。各种形式的共读活动既使共读不流于形式,也使得学生的父母真正走进孩子的心灵,从而使亲子之间的情感交流得以实现,相互之间的认同感、接纳感得以增强。共读交流让每个人都能形成坚持阅读下去的动力,不断地分享、讨论和深入触摸经典带来的愉悦与思考,建构每个人生命中必要的智力背景和基本的思维能力。

"教育是唤醒,每一个生命都是一粒神奇的种子,蕴藏着不为人知的神秘,而阅读能够唤醒这种蕴藏着的美好和神奇。"漫步校园,你会发现,无论是在图书室、教室,甚至是在学校的走廊,书籍都能触手可及,书香弥漫校园。书香校园的营造让师生养成了良好的读书习惯,促进了学生健康成长和教师专业发展,形成了良好的阅读氛围和阅读传统,学校也因此荣获"东港区书香校园"的美誉。阅读中收获的快乐与幸福感，点点滴滴地积累在学生心里，慢慢汇集成一股股清泉，泽润着他们的心灵。我们认为，书香校园的营造，带给学生的不仅仅是阅读习惯的养成，更重要的是让他们的人生因读书而变得更加温暖、更加幸福。

追寻新教育的脚步，一路走来，一路书香，一路期待，一路繁花，累吗？是的。为了学生的幸福，我们乐于做扎根田野的"农夫"；为了学生的未来，我们甘于辛勤付出。"只要行动，就有收获；只有坚持，才有奇迹。""让阅读启迪生命，让生命幸福完整。"这就是我们的新教育理想，我们已经找到了正确的路。让我们朝向理想，书香相伴，踏歌而行，追寻有温度的新教育，成就学生最灿烂的未来！

# 第六章

## 时代思政培育新人

# 第一节　"安全地玩"课程资源创新案例

## 一、案例背景

2020年春季学期,受新冠疫情影响,为了保障师生生命安全,春季开学被迫延期,"互联网+教育"上课模式成为该春季学期的主流。根据山东省教育厅、山东省人力资源和社会保障厅《关于再次延迟学校春季学期开学时间的通知》的文件精神,结合日照市教育局《关于做好延期开学期间全市中小学远程学习教育服务工作的通知》要求,确保"停课不停教、停课不停学",最大限度地减少疫情对中小学教育教学的影响,经研究,日照市教育局决定统筹全市优质师资力量形成优秀课程资源,供各区(县)学校在延期开学期间使用,充分发挥网络资源优势,灵活多样地开展线上教学。

在此背景下,我参加了日照市中小学第五批远程学习课程资源线上微课的录制,我所录制的微课主题为小学道德与法治二年级第二单元第8课《安全地玩》第一课时。

## 二、主要做法

### (一)准备工作

接到微课录制任务,我以饱满的精神、认真负责的态度投入教学备课工作中,翻阅资料,整合教材资源、教师资源、学生资源和网络资源,借助现代信息技术手段制作课件,录制视频、音频辅助教学。期间,学校组建教师团队一起备课录课,在日照市教科研中心远程指导下完成了录制微课视频、上传教学资料。

## （二）课程资源《安全地玩》创新案例主要内容

**【教材分析】**

《安全地玩》一课，侧重于提升学生对游戏的安全意识与辨识能力，培养学生对自己和他人安全问题的关心与责任感。本课三个主题分别有不同的教学侧重点。"在这里玩安全吗"意在引导学生发现常见的游戏场景中可能存在的安全隐患，以培养学生对生活环境留意观察的能力，知道如何安全地玩；"我是安全警示员"旨在让学生从关心他人安全的角度，提醒他人注意安全隐患；"我们的安全提示牌"侧重于把课堂所学安全意识以活动的形式加以运用和推广，同时鼓励学生做安全生活的积极推动者，为他人安全地生活付出力所能及的努力。

绘本故事《她会去玩吗》以胆小、喜静的"怕怕"同学为例，提醒教师在教学中让学生通过同学互助的方式，丢掉心理包袱，抛开消极、逃避的心理和过度的自我保护，积极参与到游戏活动中来，感受游戏带来的快乐与成长。

本课程资源案例选取《安全地玩》第一课时"在这里玩儿安全吗"进行案例创新设计。

**【学情分析】**

小学二年级的学生大多数好奇心强，喜欢玩耍，但在玩耍中常常会遇到各种安全隐患。他们虽然有一定的安全意识，但还不能准确地判断一些游戏中可能存在的危险，更缺乏避免危险发生的经验。因此，培养学生安全地玩的意识，让他们能在生活中自觉远离那些安全隐患，就显得尤为重要。

**【教学目标】**

（1）辨识生活以及游戏中的安全隐患，自觉远离危险，懂得安全游戏的方式，选择以安全的方式进行游戏。

（2）通过情景分析、故事学习等方式，培养学生对安全隐患的辨别能力以及关心他人安全的意识。

（3）培养学生安全地生活与游戏的意识，使其对自身的安全成长负责，激发其热爱生命、珍惜生命的情感。

**【教学重点】**

提升学生对游戏的安全意识和辨别能力。

**【教学难点】**

培养学生关心他人安全问题的意识与责任感。

**【教学准备】**

（1）教师准备：教学资料与课件。

（2）学生准备：收集平时活动中存在的安全问题。

**【教学过程】**

课前交流。

**活动一：看新闻，知安全**

教师：同学们，在此前的学习中，我们学习了如何健康地玩，尝试了游戏中的新玩法，但在现实生活中常会发生由于不注意游戏安全而发生的事故。我们一起看一则新闻吧！教师出示"儿童安全警示录：女孩江边玩耍 不慎深陷泥潭"的视频报道。

（1）看了视频，你知道了一件什么事？

（2）从这则新闻中，我们应该吸取怎样的教训？请你认真思考后回答。

教师公布参考答案：游戏好玩，但是要注意安全。我们只有在保证安全的前提下，才能充分享受到游戏的乐趣。我们要学会安全地玩儿游戏，在游戏中保护好自己，也保护好他人。

**活动二：在这里玩儿安全吗**

**（一）情景小剧场**

过渡语：很多小朋友对游戏中的安全隐患认识不足，所以经常发生危险，比如下面这些小朋友，他们在这些地方玩儿可能会有危险吗？如果有，危险在哪里呢？

**情景一：在池塘边放风筝**

（1）教师（出示图片）：春天是放风筝的季节，这两个小朋友在池塘边放风筝，看他们玩儿得多开心啊！他们在这里放风筝安全吗？

学生：不安全。在这里放风筝，风筝容易掉落、小朋友容易滑倒，甚至掉入池塘发生溺水事故。

教师：请你思考后回答，怎样放风筝才安全呢？

学生：远离池塘，去广场、操场等开阔的地方玩儿。

（2）教师：是呀，在池塘边放风筝多危险啊！这两个小朋友的故事提醒我们，平时在玩耍、做游戏时，一定要注意场地的选择。请你开动脑筋想一想，下面几个地方，哪里放风筝最安全？请你来当小法官判断一下吧！（出示图片）你的判断是正确的。我们在和小伙伴一起玩耍时，一定要根据玩耍的内容选择合适、安全的场所，而不要在公路、铁路、建筑工地、工厂生产区域等场所玩耍，避免发生意外。

**情景二：在旋转木马上打闹**

教师：两个小朋友在旋转木马上打闹，这样安全吗？请你认真观察后回答。

学生：他们没有扶着木马，木马一直在转动，小朋友很容易摔下来。

教师：旋转木马本来是一个比较安全的游乐项目，为什么它也会发生危险？

学生：这种危险是由于不遵守规则带来的。比如我们去公园玩儿过山车时要系好安全带。

教师总结：我们在玩儿一些游乐设施或者和小伙伴玩耍时，如果不遵守规则很可能出现安全问题。规则不是儿戏，大家一定要重视并严格遵守。

**情景三：在陡峭的山崖上攀爬**

教师（出示图片）：图中小伙伴在陡峭的山崖上攀爬，他们这样做会有危险吗？

学生：会有危险。山崖陡峭，山路不平，如果不了解道路的状况，同时在攀爬的过程中还打闹聊天，很容易出现扭伤甚至坠落山崖。

教师：如果是你参加这样的户外活动，你会怎样保护自己？请你想一想再回答。

学生：让家人陪伴自己，还要做好准备工作，了解攀爬山崖的相关知识。

教师：同学们，户外运动对身体好处很多，但也有一定的危险性。我们在活动过程中必须遵守安全规则，不仅要有家人的陪伴，还要多留意周围环境，这样才能避免事故的发生。

**情景四：在大树下下棋**

教师（出示图片）：请问，图中小朋友在大树下面下棋，会发生危险吗？

学生1：天气好就不会发生危险。

学生2：如果刮起大风、响起雷声，这里就很危险了。因为雷电容易击穿大树。

教师：那怎样做才是安全的？

学生：提前了解天气状况，随时关注天气变化。

总结：我们在和小伙伴一起玩耍时，一定要考虑天气因素对安全的影响。

## （二）联系生活，拓展延伸

教师：通过以上情景学习，我们知道了在玩耍之前要分析身边可能存在的危险，避免在不安全的地方玩耍。现在，我们来进行安全游戏大闯关吧。（出示图片）

（1）第一关：这是我们日常游戏的场景，请你指出哪些游戏是安全的。安全的游戏请用笑脸表示，危险的游戏请用哭脸表示，开始吧！

（2）第二关：下面两幅图中哪个地方更适合玩儿球？

## （三）游戏安全小常识

教师总结：我们的生活需要游戏，需要玩耍，但我们不能想玩什么就玩什么，想在哪儿玩就在哪儿玩。我们不仅要选择安全的游戏场地，随时观察周围的环境和天气状况，还要注意这些安全常识。

**活动三：身边的安全故事**

过渡语：同学们请想一想，还有哪些我们经常玩儿的游戏会存在安全隐患呢？

学生：捉迷藏。

教师：捉迷藏是大家都会玩儿、都很喜欢玩儿的游戏，那么你们觉得捉迷藏是一种危险的游戏吗？我们来听听这个故事吧。

**1. 教师出示课本中的材料"捉迷藏"**

教师：你觉得安安说的话有道理吗？

学生：有道理，因为衣柜透气性差，壮壮觉得头晕，出现了缺氧的现象。

**2. 案例学习**

教师：由于捉迷藏游戏不需要任何道具，两个人就可以玩儿，很多小朋友基本上是走到哪儿玩儿到哪儿。要知道因捉迷藏引发的安全事故也很多，我们再来看两个案例。同学们读完了吗？从这两个案例你懂得了什么?

学生：玩儿捉迷藏时一定要注意安全。

**3. 联系生活进行拓展：哪里玩儿捉迷藏安全**

（1）在室内玩儿捉迷藏。

教师：如果在家里玩儿捉迷藏，我们可以躲在哪些地方？请你认真思考后回答。

学生：可以在宽阔的餐桌下或者阳台、沙发后面等地方。阳台上，要注意不要靠近窗户，更不能攀爬阳台；桌子底下，要注意别碰到桌子角；窗帘后，要注意不要让窗帘缠绕住颈部。

（2）在室外玩儿捉迷藏。

教师：如果在外面玩儿捉迷藏呢？玩儿捉迷藏的时候要注意哪些安全隐患呢？我们来看一则小视频吧。（出示视频）

教师：学到这里，安全小卫士们，我们再来挑战一下，看看哪里适合玩儿捉迷藏？（出示图片）

教师总结：同学们，我们不仅要学会判断哪些地方玩耍安全、哪些地方不安全，还要懂得怎么玩儿才是安全的。希望大家以后在玩儿捉迷藏和其他游戏的时候，始终把安全放在第一位。

**活动三：实践活动，安全游戏我来评**

教师：除了玩儿捉迷藏，同学们还喜欢玩儿哪些游戏？这些游戏安全吗？下面请同学们填写一张"安全游戏我来评"的表格，看一看你和小伙伴平时爱玩儿的游戏在安全性方面能评几颗星。

学生独立思考后填写表格，可以和家长、同学交流自己的观点。

| 游戏名称 | 安全星级<br>（五颗星最安全，三颗星中等，一颗星危险） | 让游戏更安全的措施 |
| --- | --- | --- |
| 在池塘边放风筝 | ☆☆☆☆☆ | |
| 在衣柜中玩儿捉迷藏 | ☆☆☆☆☆ | |
| 滚铁环 | ☆☆☆☆☆ | |
| …………… | ☆☆☆☆☆ | |

课堂小结：同学们，生命无价，珍爱生命；生命至上，安全第一。生命只有一次，生命安全就掌握在我们自己手中。安全不仅关系我们个人，更关系到我们的家庭、学校乃至整个社会。希望通过这节课的学习，我们能学会在安全的场所用安全的方式玩耍。我们只有注意安全，树立安全意识，才能充分体会到游戏的乐趣，才能更好地保护自己和他人。让我们时刻把安全牢记在心，远离危险游戏，文明、健康、安全地玩耍。

### 三、成效与反思

线上教学期间，随着课程资源的不断开发和完善，我在做好线上常规教学的同时，结合疫情防控的现实，积极探索线上教学的其他有效形式。在传授知识的同时，我将家国情怀、自信担当等道德品质素养教育融入其中，落实思政课程立德树人的理念，真正做到"停课不停教，停课不停学，停课不停研"，为高质量教学作出自己的贡献。同时，学生的学习越来越主动、自律，他们听课认真，课下实践作业也有所改变，能与老师和同学共同交流探讨，并敢于质疑。将极少数未能线上听课的学生记录在案，开学时对其开展培优辅偏工作。从课程资源的开发、录制到教学实践的应用，一路走来，自己在线上教学各方面的运用能力得以提升，和家长、学生之间的沟通更和谐有效，从而拉近了彼此之间的距离。

## 第二节 "美丽的冬天"教学资源创新设计

**【设计说明】**

陈鹤琴先生说："大自然、大社会是活教材。"儿童的成长离不开大自然，《义务教育品德与生活课程标准（2011年版）》（以下简称"2011年版课标"）也明确了学习内容为"愉快、积极地生活"的第二条"亲近自然，喜欢在大自然中活动，感受自然的美"。《美丽的冬天》是小学道德与法治一年级上册第四单元第一课，本课侧重培养学生观察大自然的意识，提高表达美的能力，重在引导学生感受自然界的变化以及冬天的美丽，了解冬天的特征，理解我国各地区冬天的差异，体会冬天的乐趣，并能够根据季节变化调整自己的生活，为后续的学习生活奠定基础。

**【教学目标】**

（1）教师通过活动引导学生观察冬天的信息，感受冬天的季节特征，体验、发现冬天的乐趣，感受大自然的美。

（2）教师培养学生观察自然、探索自然的兴趣，培养其感受美、表达美的能力。

（3）学生了解祖国各地不同的冬季特征，了解冬天的到来对动植物与人类生活的影响。

**【教学重点】**

教师引导学生感受冬天的季节特征，发现、体验冬天的美，同时，让学生了解祖国各地冬季不同的特征及冬天到来对动植物和人类生活的影响。

【教学课时】2 课时

【教学过程】

第一课时

**活动一：冬天在哪里**

教师：一年四季各不同。老师这里有四幅图（出示四季图），你知道它们分别是什么季节吗？你是怎么知道的？

教师小结：一年有四季，《三字经》有云"曰春夏，曰秋冬。此四时，运不穷"。（教师边小结边把四季图片进行环形排列）

**活动二：追寻冬天的足迹**

（1）教师：当最后一片秋叶落下来的时候，"冬爷爷"悄悄地向我们走来了。他是一位神奇的魔法师，他用魔法棒一指，所指之处就会发生神奇的变化。你发现冬爷爷带给我们的变化了吗？（教师出示图片，让学生找找冬天的元素）

（2）学生观察教材第 52 页配图，思考青蛙到了冬天为什么要睡在洞里。

（3）听小故事《冬天是什么》。

教师提问：还有哪些动物也是这样过冬的？（教师提示蛇、蚂蚁和刺猬等）学生讨论后交流。

教师小结：大自然能告诉我们冬天在哪里看到青蛙、黑熊钻进被窝不起来，冬天就在哪里；看到河流冻冰了，我们就知道冬天在哪里。

（4）校园中的冬天。

教师：现在我们一起去校园中找一找冬天的踪迹。当你发现冬天的踪迹时，可以用相机拍下来，也可以用笔写下来。小组交流汇报在校园中观察到的冬天里植物的变化以及人们生活的变化。

教师小结：大家看，我们在生活中找到了这么多冬天的足迹，冬天确实来到了我们的校园:我们的校服由秋季校服变成了冬季校服,我们上课的作息时间也发生了改变。

教师总结:冬天到底在哪里呢?冬天就在大自然里、校园中、我们小朋友的眼睛里,只有细心观察的小朋友才能以最快的速度找到冬天在哪里。希望同学们都做细心观察的人,这样才会看到更多的美丽。

**活动三:不一样的冬天**

(1)教师:北方的冬天是怎样的?(出示北方冬天的风景照片)

(2)教师:南方的冬天与北方有何不同?(出示南方冬天的风景照片)

(3)学生读一读教材第54页"冬天各地差别大",思考南方和北方的冬天有何不同?

(4)学生以小组形式将自己在生活中看到的各个地方的冬天进行分享和交流。

**活动四:实践作业**

教师:你喜欢南方的冬天还是北方的冬天,为什么?用你喜欢的方式告诉大家吧!可以是绘画,也可以是一段文字。

**第二课时**

**活动一:冬天真好玩儿——冰的世界**

1. 教师出示冰窗花,让学生感受窗花之美

教师:(介绍冰窗花)在哪儿见过她的身影啊?(出示图片——欣赏冰窗花)

教师:这美丽的冰窗花静静的,不知不觉就爬上了我们家的窗户,看,它像什么呀?(学生想象)你还见过什么样的冰窗花呢?

2. 学生感受冰窗花之乐

教师:你怎么和冰窗花玩儿啊?(学生:看、用手按等)

教师介绍自己玩儿冰窗花的过程。教师拿出事先准备好的冰窗花（把玻璃做成冰窗花的形状），发给每个小组让学生感受。

**3. 学生感受冰窗花之韵**

教师：冰窗花能留住吗？这么美的冰窗花，要把它留住应怎么办啊？课下我们可以拍摄下来，把美丽的冰窗花留住，随时欣赏。

**4. 冬天可不只有冰窗花，还有什么**

（1）教师（出示冰花图）：谁做过冰花？知道怎么做吗？（介绍冰花的做法）

（2）教师：你见过冰雕吗？在哪儿见过？你见过什么样的冰雕？大家知道冰雕是怎么来的吗？

教师介绍：以前在我国北方，天气寒冷，人们把结成的冰拿来刻成放东西的物品，如盘子、笔筒等。后来大家喜欢上了晶莹剔透的冰雕，就开始琢磨雕刻出很多造型，就有了现在的大型冰雕。哈尔滨每年1月5日都会举办国际冰雕节，吸引全国几十万人参观。

**5. 在冰的世界里，我们还可以——**

教师随学生回答，课件播放：滑冰、坐冰滑梯、吃冰凌、打冰柱等活动。

教师小结：在冰世界玩儿这么有趣，现在我就是冬爷爷，你想对我说什么呀？

**活动二：冬季的户外活动**

（1）教师：我们中国有句老话叫"冬天动一动，少生一场病；冬天懒一懒，多喝药一碗"。你知道这句话是什么意思吗？

（2）教师：你玩儿过哪些好玩儿的冬季户外活动？跟大家分享一下你的冬季快乐往事吧！

学生交流：堆雪人、打雪仗、滑冰车、冰雪乐园、滑雪……

教师提示：冰雪项目是冬季特有的户外活动，在愉悦身心的同时，要注意保暖、做好准备活动，保障自己和他人的安全。

**活动三：冬季的美味食品**

（1）教师：民以食为天，有一些美食特别适合在冬天吃。你知道是什么吗？说说你吃过哪些冬天特有的美食。

学生：冰糖葫芦、吃火锅、腊八粥、冻柿子……

教师小结：原来，美食可以让寒冷的冬天变得如此温暖。

（2）教师：同学们想一想，这些美食的形成跟天气是否有关呢？

**活动四：冬季的欢乐节日**

（1）教师：同学们，要说到好玩儿的冬天，可千万别忘记冬天的节日，那才是最有意义也最有意思的事情呢！你知道冬天都有哪些节日吗？

学生：元旦、春节、腊八……

（2）教师：在这些喜庆的节日里，你一定有很多有趣、难忘的故事，谁想把你的快乐分享给大家？

教师小结：有了这些美妙的节日，冬天的乐趣真是多了不少呢！

**活动五：冬天玩乐安全提醒**

**1. 听故事，学道理**

教师：刚才玩儿了这么多，听个故事休息一下吧。（教师出示《丁丁的故事》）

教师：听了故事，你想说什么？和同桌交流一下吧。

**2. 教师出示冬天玩乐安全提醒**

（1）不能在不安全的冰面上滑冰。

（2）不要在结冰凌的房檐下玩耍。

（3）跑步时不要张着嘴。

（4）运动出汗后不要立即摘帽、脱衣。

教师小结：我们玩儿的时候要注意安全。

**活动六 实践作业**

教师：请同学们以冬天为主题，画一个冬天的场景；或找一找冬天的时令食物，将它记下来或画下来；用黏土等营造出冬天给万物带来的变化。

## 第三节 以文化为力量根基，推动思政铸魂设计思路

我们培养人的目标是什么一定要搞清楚，现在非常明确坚定地提出要培养社会主义建设者和接班人。

未来30年，我们培养的人要能够完成"两个一百年"的伟业。这就是教育的历史责任。

——习近平

作为教育者，我们的奋斗目标和历史责任清晰而明确。要办好教育，不负党和国家交给我们的历史使命，我们就要为实现我们的目标和履行我们的责任不断深入思考，创新实践。我借此机会向各位教育专家和同仁汇报我们学校在立德树人这条光荣之路上的一点探索经验。

首先概括一下我们学校的育人思路：以中华优秀传统文化为依托，以思政教育为载体，文化寻根，思政铸魂，五育并举，培育时代新人。

### 一、文化寻根

#### （一）传统文化润少年心

中华优秀传统文化是中华民族的精神命脉，是涵养社会主义核心价

值观的重要源泉，也是我们在世界文化激荡中站稳脚跟的坚实根基。我校用中华优秀传统文化渲染青少年的中国底色，不断增强学生做中国人的志气、骨气、底气，培养学生成为堪当民族复兴重任的时代新人。

**1. 构建基于中华优秀传统文化的仁智课程体系**

围绕"中华优秀传统文化"，学校以"仁"为根、"智"为本，构建中华优秀传统文化课程理念、实践和评价体系。

小学阶段，学校以培育学生对中华优秀传统文化的亲切感和感受力为重点，从启蒙教育入手，介绍中华民族重要的历史人物、传统节日、节气与风俗、发明与发现以及特色技艺等，使学生初步了解中华优秀传统文化的源远流长。通过识字写字、诵读诗文、听闻典故、亲近先贤、关注习俗等学习活动，教师引导学生在日常生活中增进对中华优秀传统文化的认识，养成孝老敬亲、礼貌待人、勤俭节约、吃苦耐劳、言行一致等传统美德，体认中华优秀传统文化，培养对国家、民族的感情。

初中阶段，学校以增强学生对中华优秀传统文化的理解力为重点，比较系统地介绍我国各族人民创造灿烂文化的历史及伟大成就，引导学生进一步认识中华优秀传统文化的博大精深、悠久历史及其对世界的意义，提高对中华优秀传统文化的认同度。通过临摹名家书法、阅读经典文献、了解历史线索、欣赏传统艺术、参与礼仪活动等学习活动，教师引导学生践行中华传统美德，初步体会"道法自然""天人合一""修齐治平"、实事求是等中华传统文化核心思想理念和人文精神，尊重各民族传统习俗，珍视各民族共同创造的中华民族优秀文明成果，进一步增强学生对于中华民族的归属感和自豪感。

**2. 营造书香校园，开展常态化经典阅读，增强学生文化自信**

根据学生发展阶段，我校从一年级到九年级遴选中华优秀传统文化必读书目，制订读书计划，让学生在中华优秀传统文化的浸润中成长。

学生每天二十分钟晨读、半小时暮读，学校设立楼道图书站和班级图书角，从时间和空间上营造书香氛围，培养学生的读书习惯，让中华优秀传统文化随时随地萦绕在学生身边。

常态化运行诗词考级和经典诵读活动，在班级、年级、学部、学校层层开展，以激发学生的读书热情。在中华优秀传统文化的不断浸润下，学生心中的民族文化自信自然而然地生长。

### （二）山海文化立少年志

孔子曰："知者乐水，仁者乐山。"我校紧依日照河山，东临黄海，这是我校确立学校文化内涵的基础。我校立足校情，挖掘并提出了"仁山载物，慧海育人"的"山海"文化理念，概括出了"提升内涵求特色，立足创新求发展"的办学思路，激励学生品比山高、心比海阔，立志成为美德如山、智慧如海的新时代少年。

（1）营造优雅环境，彰显校园文化。

（2）研发校本课程，提升人文素养。

（3）丰富校园活动，挖掘学生潜能。

我们努力让山海文化体现在校园的一草一木、一言一行之中，再以校本课程成其形，以实践活动成其神，熏陶晕染，以山海之大美立仁智之少年。

### （三）体育文化强少年体

体育也是传统文化的一部分，古人所学习的"六艺"（即"礼、乐、射、御、书、数"）之中，"射"与"御"都与体育相关。对于少年的培养，要强其身体、养其精神，我校将传统文化中"君子自强不息"的概念与当代体育中的顽强拼搏精神结合起来，落实体育教育，打造体育品牌，以强我中华少年之体魄。

**1. "体育课+阳光大课间+体育社团"模式，保障学生得到充分的体育锻炼**

体育不光要强技能，更要强精神，为学生拓展延伸中华文化的根脉。武术课上的刚柔并济、体操课上的和谐统一、排球课上的排兵布阵等，都是传统文化的精髓，都可以通过体育课和体育社团活动自然而然、顺理成章地传输到学生的精神世界。

**2. 深挖女排精神，创立学校品牌**

我校的排球队建设得比较好，从2014年组建起，几乎包揽了全市所有中学生排球比赛的冠军，胜利的荣耀让校排球队在学生心中形成强大的影响力。我校以此为契机，以排球队的顽强拼搏为立足点，将中国女排精神落到实处，大力发扬女排精神，打造学校品牌。女排精神成为学校对学生进行教育的有力抓手。

通过女排精神，我们告诉学生要做什么样的个体和集体；向学生展示中国女排鲜活的事例，言之有物，学生的认识也非常清晰。对学校教育而言，将弘扬女排精神当作弘扬传统优秀文化来抓，学生、家庭和社会都将受益。我校从"大文化"的视角出发，将弘扬女排精神当作一件大工程来抓、当作一件大事来做，使女排精神得以"落地"。

（1）以体育学科为切入点，将女排精神纳入体育教材及健康读本。以往中小学生对于女排精神的了解和理解是碎片化的，在新课改形势下，学校将这部分常识按认知水平分段进行编写，融入实践课教材，使学生能够亲身体验到女排精神。不论是奥林匹克精神，还是女排精神，都让学生产生真实的情感体验，教育学生在困难条件下如何做到不放弃，如何全力以赴。

（2）从立德树人的视角出发，将有关女排精神的故事、事迹等收入学校德育教材，并对其进行梳理，使相关德育内容能够言之有物，对学生"晓之以理，动之以情"，让学生能够从中体会到真情实感。学校通过科普的方式阐述和说明女排精神的由来、发展、传承，使学生能够有机会接触到生动的、符合其年龄和认知特点的排球常识，将其作为一种启蒙思想自然而然地予以接受。

（3）以排球比赛和活动为载体，将女排精神具体化、案例化、可视化，融入学校的学习与生活。如果说排球系列活动是宣传女排精神的最好契机，那么学校让更多的学生获得直接参与活动的机会，让学生在玩中学、在玩中体验，这样的实施路径首先由学校搭建平台，再结合一线体育教师的设计与投入，使女排精神融入学校文化，逐渐形成一种不屈不挠、奋斗拼搏的精神。

（4）开发部分橱窗和宣传栏，结合女排精神，对学校中的先进标兵进行宣传，筑牢基层学校宣传阵地。女排精神不是盲目地追求高大上，而是要接地气、实实在在地做事，对于校园里或学生身边体现女排精神的人和事，要善于总结和宣传，使学生懂得女排精神就在身边，它陪伴着每个人的学习与生活。

（5）以女排精神为引领，引导学生学习、掌握多项被列入人类非物质文化遗产的中华传统体育健身项目的技能技巧。我校组织学生练习踢毽子、八段锦、五禽戏、投壶等传统体育运动项目，让传统体育文化项目在校园彰显它们特有的价值与风采，最终让学生将家国情怀藏于心、刻于骨、现于行。

### （四）革命文化壮少年魂

中国共产党带领人民在革命、建设和改革过程中锻造的革命文化和社会主义先进文化，是中华民族几千年来形成的博大精深的传统文化的延续，是中小学文化育人不可或缺的一部分。学校唯有弘扬中华民族优良传统文化，传承革命先辈的精神，才能增强学生的爱国主义情感，激发学生的爱国热情和民族自信心，才能培养出具有家国情怀和气节担当的社会主义接班人。

### 1. 讲好革命故事，赓续红色基因

学校每学期都请老干部、老革命军人到学校给学生讲革命故事，让那段峥嵘岁月印刻在每一个少年的心中，让每一个动人的革命故事化作对学生的无声教育，滋润学生的心灵。

### 2. 观看红色影片，启迪爱国情怀

学校充分发挥信息化教学和网络资源的优势，每学期开学伊始组织各年级学生观看革命题材影片，用光影还原岁月，用英雄塑造英雄。《闪闪的红星》《长征》《太行山上》《建国大业》《焦裕禄》等影片，无不对学生产生了深远的影响。

### 3. 传唱红色歌曲，赓续红色血脉

学校于每年国庆节前夕举办校园红歌会，通过演唱红色歌曲进一步加强学生的思想道德建设，激发学生的爱国热情，培养学生昂扬的精神，提高自身文化素养，树立正确的世界观、人生观和价值观。一首红歌一面旗，一支红曲一把号，让爱国主义及革命传统精神在学生中生根发芽，伴随学生健康成长。

### 4. 阅读红色书籍，感悟红色文化

学校提供更多充分反映革命战争时期那段历史的故事书、小说、诗歌、回忆录等供学生阅读，从而让学生体会革命先辈的集体主义、革命乐观主义和革命英雄主义精神。

### 5. 缅怀革命先烈，弘扬革命精神

学校每年清明节都组织学生到烈士陵园进行祭扫活动，让少先队员献上最诚挚的敬意，以庄严的仪式激发学生珍惜今天幸福生活、努力学习建设祖国的理想信念。

### 6. 国防教育品牌，助推学校发展

我校是全国国防教育示范校，通过开展多种形式的国防活动，使全

体学生了解基本的国防知识，初步学习军事技能，不断增强国防观念，激发爱国拥军的热情，自觉履行国防义务，逐步成长为有理想、有道德、有文化、有纪律的社会主义建设者和接班人。

学校的文化教育既是方方面面的，又是合而为一的。我校将文化教育与思想政治教育融合，以传统文化润心，以"山海"文化立志，以体育文化强体、以革命文化壮魂，四个方面合而为一。以文化教育寻民族之根，力求学生的心智体魄健全成长，真正履行好为党育人、为国育才的教育使命。

## 二、思政铸魂

### （一）课程建设为基

中小学阶段的思想政治课程是培养学生正确世界观、人生观、价值观的重要课程，课堂是搞好思政教育的前沿阵地。

我校在根据《义务教育课程方案（2022年版）》（以下简称"新方案"）开齐、开好思政课的基础上，依托中华优秀传统文化开发思政校本课程——树德成长课程，通过"一个目标，两种举措，三项原则，四层网络，五种途径"建成完善的思政课程体系，为思政教育提供最坚实的保障。

**1. 一个目标，培养德才兼备、担当有为的时代新人**

我校以丰富多彩的校园文化生活和课程为载体，融入中华优秀传统文化，实现全方位立德树人。

**2. 两种举措，促进学生全面发展**

（1）构建仁智课程体系：学校通过"仁智主题课程""仁智空间课程""仁智特色课程"三类课程来实施仁智核心素养的培育。

仁智主题课程：学校通过主题升旗仪式、主题班队会等形式将中华优秀传统文化教育、爱国主义教育、社会主义核心价值观教育等内容融入其中，形成体系化的主题课程。

仁智空间课程：学校联合家、校、社，通过不同形式的研学活动和各类"小手拉大手"活动，将其教育内容转化为规范适用的仁智课程。

仁智特色课程：学校打造一批适合促进学生成长、符合未来发展需要、具有学校特色的优质德育课程，如红领巾讲党史、红领巾广播等。

（2）完善仁智评价机制：学校将"仁智少年雏鹰争章"计划融入文明班级评选，结合班级评比结果定期针对学生接受德育教育的情况进行验收。

**3. 三项原则，提升德育工作实效**

（1）实效性原则：学校有针对性地开展实践体验活动，通过实践和感悟促进学生道德水平进一步提高。

（2）一致性原则：学校坚持全科、全员、全程育人，动员社会、学校、家庭广泛参与，把德育渗透于学生学习和生活的各个方面，实现"三全育人"。

（3）示范性原则：学校强化师德师风建设，以"学为人师，行为世范"为准则，坚持以真情、真心、真诚来教育影响学生，做学生健康成长的指导者和引路人。

**4. 四层网络，构建网格化德育课程管理**

（1）课堂德育课程：教务处—任课教师—学生。

（2）行政德育课程：校级领导—中层领导—班主任—学生。

（3）家校德育课程：班级—家委会—家长—学生。

（4）自我德育课程：值班领导—值勤班级—班委会—学生。

## 5. 五种途径，细化德育课程内容

（1）书香养德。

各班级设立图书角，学生挑选有益的图书内容，于每周晨会时间进行阅读感悟分享。学校每学期进行班级图书阅读量评比、班级个人阅读量评比，评选"仁智阅读明星"，激发学生阅读兴趣。

（2）课堂蕴德。

学校深入开展爱国主义教育、传统节日教育、诚信教育、文明礼仪教育等，把时政教育内容融入学科教学和班队会活动，学期末结合教师教学情况和学生实际反馈加以评价。

（3）仪式育德。

学校强化活动育人实效，不断拓展德育实践活动项目和载体，以"一旨、两节、三一、四礼"为抓手，丰富德育活动内容，增强学生德育教育的仪式感。

一旨：学校以全环境立德树人根本任务为宗旨，陪伴学生共同进步、健康成长。

两节：学校推出"一年两节"活动（即校园艺术节、校园体育节活动），旨在展现学生接受校园艺术教育和体育教育的成果。

三一：学校以"每日一次经典诵读特色课间操，每周一次主题升旗仪式，每月一次主题宣讲活动"为契机，丰实学生精神涵养，带动学生自主展示。

四礼：学校以入学礼、入队礼、成长礼、毕业礼"四礼"为串联节点，讲述学生在学校中的成长故事。

（4）真情润德。

学校重视学生的心理健康教育、生命健康教育、预防校园欺凌教育等，每生一档，班主任老师在学期末将学生一个学期的心理问题和干预方式进行总结存档，每个学期末学校德育部以问卷调查的方式进行调查反馈。

（5）携手弘德。

学校积极与社会、家庭建立联系：一，通过开设德育大讲堂的形式传递优秀传统文化、学校办学理念；二，设立家长开放日，邀请家长走进校园了解学生近期的学习状态、学校的办学环境等。

## （二）协同共建一体

思政教育不是单独的一块，它应该融入整个教育过程之中。因此我校积极探索，推出了思政教育一体化建设的实施办法。

**1. 推进课程教改，挖掘课程思政要素**

各门课程都包含丰富的思政教育要素，我们注重发挥思政教育功能，融合价值导向和知识传授。教师在对学生进行知识传授、能力培养过程中，弘扬核心价值观，传播积极向上的正能量，培养学生树立科学精神、工匠精神等。学校引导教师将思想政治课的价值观贯穿各门课程的大纲、教学设计、准备课程、教育评价等教育全过程。

学校根据不同学科的性质特征，把握发掘的重点。语文课程重视价值引导和优秀传统文化传承，引导学生自觉弘扬和践行社会主义核心价值观，不断增强"四个意识"、坚定"四个自信"、做到"两个维护"；科学课程突出培养学生具备科学精神、探索创新精神，增强学生与自然环境的和谐共生意识；综合实践课程强调培养学生追求现实、实践创新、追求精致的工匠精神以及坚定、耐心、不怕辛苦、追求卓越等优秀品质；音乐美术等艺术类课程强调培养学生高尚的文化素养、健康的审美情趣、乐观的生活态度，把爱国、民族情感浸入到教育中，帮助学生树立文化自觉和文化自信；体育类课程主动与德育融合，调整教学模式，引导学生养成体育习惯、掌握体育技能、发展健全人格、弘扬体育精神。各门课程结合自身特点，制定融入思想政治教学内容的方案，加强教材建设，教师在教案中加入思政内容，切实让思想政治课教学内容在各学科教学中落地生根。

**2. 学段相连，让思政教育一脉相承、绵延不断**

（1）小学阶段：蒙以养正，涵养童年；学以致远，奠基人生。

学校进行爱国主义教育和共产主义理想的启蒙教育，教育学生继承中华民族优良传统和中国共产党的革命传统，培养他们热爱祖国、热爱中国共产党、热爱人民的感情，帮助他们初步树立为人民服务的思想和为实现中华民族伟大复兴而奋斗的志向。

学校进行集体主义教育，培养学生热爱集体、遵守纪律、团结友爱、关心他人、助人为乐等良好品德。

学校进行文明礼貌教育，培养学生尊敬师长、尊老爱幼、礼貌待人、遵守秩序、讲究卫生等良好品德和行为习惯。

学校进行努力学习、热爱科学方面的教育，培养学生积极进取、勤学好问的学习态度和实事求是、独立思考、勇于实践、敢于创造的科学精神。

学校进行热爱劳动、艰苦奋斗方面的教育，教育学生懂得劳动光荣、珍惜劳动成果、爱护公共财物，逐步培养他们勤劳节俭、生活自理的习惯和帮助家庭、他人、公众的能力。

学校进行社会主义民主和法制观念方面的启蒙教育，引导学生从小学习惯过民主生活，平等待人，有事大家商量，懂得少数服从多数的道理，逐步树立遵纪守法观念。

学校进行良好的意志、品格方面的教育，逐步培养学生形成诚实、正直、谦虚、宽厚、勇敢、开朗、有毅力、负责任、守时守信、自尊自爱的好品质。

在辩证唯物主义观点指导下，学校引导学生学习怎样正确看待周围的事物，逐步培养他们初步判断是非和辨别真假、善恶、美丑的能力。

（2）初中阶段：格物致知，关联万物；明德天下，智慧复演。

学校培养学生的政治认同，保证学生形成成为社会主义建设者和接班人必须具备的思想前提。

学校培养学生的道德修养，以达立身成人之本。

学校培养学生的法治观念，指引其行为向真、善、美发展。

学校培养学生的健全人格，保障其身心健康成长。

学校培养学生的责任意识，使其符合担当民族复兴大任时代新人的内在要求。

**3. 学校协同共建，整体提升结对共建学校思政课教学教研水平**

教研是教学的前提保障，而一所学校的教研力量是有限的。因此我校与本区内兄弟学校日照香河实验学校联合开展思政育人协同共建行动，致力于打造两校校际思政教研共同体，以教研协作为纽带，打造思政课协作平台，积极开展常态化的教育教研交流活动，更新教学理念、优化教学方法、创新教学模式，构建思政课大教研格局。

## （三）课题引领带动

上好思想政治理论课的关键在于教师，教师上好思政课的关键在于发挥其积极性、主动性、创造性。学校要激发教师的关键作用，最切实有效的办法就是以课题研究为引领，带领教师在研究中收获成长。

我校针对思政教育申报的山东省教育教学研究课题"中华优秀传统文化融入中小学思政实践路径研究"已立项开题，正在引领教师的成长中发挥着重要作用。课题初步探索路径如下。

**1. 创新"课内＋课外、校内＋校外、线下＋线上"的教学育人新模式**

学校借力数字媒体技术创新教学方式，强化传统文化育人功能的渗透，将传统教学方式与现代教学方式有机结合，改变学生对于传统文化教学内容枯燥乏味的印象，提高学生对于中华优秀传统文化的自主学习和探究能力，培养学生的文化创新意识和文化创造能力，增强中小学传统文化教育的实效性和实践性。

**2. 挖掘本土传统文化要素，盘活地域优秀传统文化，自主开发校本文化课程**

学校以当地民俗、民间艺术等独特教育资源为依托，因地制宜活化课程内容，精选进校园的中华优秀传统文化要素，进行本土化校本课程开发，追求多形态教育的共生发展，融传统文化元素于日常生活，传承优秀传统文化，提升育人实效。

**3. 注入新时代精神，坚持全环境立德树人，探索中华优秀传统文化思政教育"知行合一"的实践路径**

学校整合和凝练思政课中的育人资源，以社会主义核心价值观为引领，设计理论课程体系和实践课程体系，推动课堂改革，家庭、学校与社会协同合作，在第二课堂和社会实践中营造学习中华优秀传统文化的校园环境，形成良好的社会氛围。

## （四）名师互动相连

我校以"许崇峰名校长工作室"为核心，联合工作室成员所在学校，分享总结经验，取长补短，将优秀的思政教育做法推广普及，努力达成育人目标，履行好历史使命。在交流分享中，工作室成员所在学校的一些创新做法也成为我校提升思政教育能力的源头活水。

莒县第五中学打磨的优秀思政课课例在思政课中融入鲜活的时政热点和生活素材，引领学生关注时政热点、聚焦社会生活，深入落实"八个统一"，实现了思政小课堂与社会大课堂的有效衔接。该校开展的"走进自然，热爱家乡"研学实践活动，很好地拓宽和加强了思政育人的载体。

五莲县街头镇初级中学开展的"知是非、素品行"教育活动，做到了"处处是阵地，事事是内容""人人可参与，人人受教育"，将教育活动融入日常教育工作，强化好习惯培养，有效地落实了思政教育立德树人的根本任务。

　　经开区实验学校积极推动"理论＋实践"的思政课改革，让学生在社会实践中接受教育，使学生在理论与实践的结合中实现知、情、意、行的统一。

　　日照市新营小学凝心共研、寻道觅法，让道德与法治课堂有文化气息；融情于境，贴近生活，提高了学生的学习兴趣。该校每周一次的集体教研活动，让每一名教师都有许多收获与思考，提升了教师的学科能力和专业素养。教师借助游戏教学、角色扮演、小组合作等方式，做到融情于景、寓教于理，逐步改变道德与法治以往给人的传统、枯燥说教课程的刻板印象，将课堂教学生活化，提升课程融合教学质量。

　　日照香河实验学校积极打造剪纸传承育人的办学特色，让传统剪纸文化进校园、进课堂，使学生从传统剪纸艺术中汲取养分、浸润心灵。教师把红色剪纸融入思政课教学，在学生心中播下红色种子，厚植爱党、爱国、爱社会主义的情怀，让红色基因、革命薪火代代相传，很好地推动了思政课建设的内涵式发展。

　　习近平总书记说："学校是意识形态工作的前沿阵地，可不是一个象牙塔，也不是一个桃花源。"如果说实现中华民族伟大复兴的中国梦是一场接力赛的话，那么我们教育人手中所握的应该是第一支接力棒。这是多么沉重而光荣的历史使命！在培养社会主义接班人的过程中，我们不敢不小心谨慎，不敢不大胆创新。文化寻根，思政铸魂，这是我们学校探索的育人之路。

## 第四节 "中华优秀传统文化"课程资源设计

中华优秀传统文化是民族的瑰宝、人民的精神财富，中小学生有义务弘扬和传承中华优秀传统文化，学校在德育教育工作中应逐步渗透中华优秀传统文化，将中华美德作为中小学生的道德行为标准，对中小学生身心健康发展有极其重要的促进作用。中小学德育教育工作应将传承和弘扬中华优秀传统文化作为主要工作内容，完善中小学德育教育工作，促进学生身心全面、健康发展。

### 一、中华优秀传统文化融入中小学德育教学的意义

随着时代的进步和人类文明的发展，将中华优秀传统文化融入中小学德育教学能够使学生形成正确的世界观、人生观、价值观。学校将传统文化融入中小学德育课程，不仅能丰富中小学德育课程的内容，使教学更加多样化，还能增强学生的爱国意识，同时增强学生的责任感和使命感。德是中华传统文化的内在精华，是中华优秀传统文化魅力的基础、是思想发展的内在动力，有助于促进中小学生身心健康发展。提高中小学生的思想道德水平是目前德育教育的重要目标之一，中国传统文化教育能够在这方面有效发挥作用，并且能够为中小学生营造全面发展的氛围。教育是培养人才的重要通道，中小学生更是祖国的未来、民族的希望，是全社会共同保护的对象。因此，为了促进学生的全面发展，学校应该大力开展德育工作。我国有着悠久的历史、深厚的文化底蕴，将中华优秀传统文化教育纳入学校德育工作，能够对学生的思想、行为等产生积极的影响，更是中华民族生生不息、发展壮大的不竭力量。

## 二、中华优秀传统文化融入中小学德育教学的作用

中华文明源远流长，中华优秀传统文化凝聚了几千年来我国广大劳动人民的智慧，孕育了一代又一代的中华儿女。因此，传承和弘扬中华优秀传统文化极其重要。党的十九大报告指出要"推动中华优秀传统文化创造性转化、创新性发展"，这就要求广大人民教师有更强的责任意识与更高的行动智慧。在德育教育教学中，应充分发挥中华优秀传统文化的积极作用，为中小学生开设有效的德育课程，促使中小学生形成积极乐观的思想观念，从而促进中小学生身心健康发展。在课堂中，教师可以充分利用中华优秀传统文化的丰富资源，进一步丰富中小学德育教育课程，及时帮助学生改正成长过程中的不良行为习惯，使学生远离不良诱惑，养成懂得感恩、孝亲敬长、与人诚信、自强不息等良好品质。

课堂上，教师应充分利用中华优秀传统文化对学生开展德育教育，确保中小学德育教育有效开展。教师可以结合历史小故事、传说、历史典故、经典文学著作、成语故事等，展现中华优秀传统文化自身的神秘性、故事性、趣味性和生动形象等特点。这些内容对中小学生有极强的吸引力，其中还蕴藏着优秀的思想情感，更是优质的德育教育资源。

在中小学德育教育工作中，学校可充分利用多媒体等各种资源（比如教室墙壁、班级文化墙、后黑板、走廊墙壁、电子显示屏等）来宣传中华优秀传统文化。学校通过向学生宣传中华优秀传统文化，构建良好的校风、塑造优质的校园文化，让学生在中华优秀传统文化的熏陶下，更加充分地理解历史故事中所蕴含的思想美德，从而获得正确的世界观、人生观、价值观，继而取得良好的德育效果。

中小学生还可利用晨读、暮醒等时间来学习历史典故，温习学过的历史事件，教师可以让学生采用齐读或者轮流讲解等形式；学生还可利用课余时间制作成语典故手抄报、宣传卡等在校园里散发，供学生门传

阅，让更多的学生了解历史典故，懂得其中蕴含的优良思想。

教师可以组织学生开展多种有关中华优秀传统文化的活动，比如每周的主题班会、演讲、情景剧、经典诵读等，在活动中宣传中华优秀传统文化，让学生在亲自参与的过程中感受中华优秀传统文化的魅力，促使学生产生积极乐观的思想道德观念，促进学生身心健康发展，增强学生的责任感和团队意识，凝聚力量构建和谐社会。

## 三、中华优秀传统文化融入中小学德育教学的衔接

中华优秀传统文化完全融入中小学德育课程需要一个漫长的过程。在这个过程中，学校要将中华优秀传统文化和中小学德育课程衔接起来，使中小学德育课程更加多样化、丰富化。学生不仅要学习中华优秀传统文化课程，还要将中华优秀传统文化付诸教育实践，做到知行合一。

中华优秀传统文化是中小学学校德育工作的宝贵资源，学校遵循学生身心发展的一般规律，将中华优秀传统文化与中小学德育课程结合起来，这对传承和弘扬中华优秀传统文化具有深远意义。

### （一）与教材内容的衔接

学校将中华优秀传统文化与中小学德育课程的教材结合起来，以增强学生学习意识、提高学生学习兴趣为目标，切实帮助学生塑造良好的品格。然而，在中华优秀传统文化与教材内容衔接的过程中，我们发现这些教材内容比较单调，而结合中小学生的心理特点，这些重复性的内容往往提不起学生的兴趣，从而影响中小学生对中华优秀传统文化的学习；部分中小学生对中华优秀传统文化接触不多，了解不够深入，导致其学习的积极性不高；中华优秀传统文化在中小学德育课程中渗透较少，各部分内容之间缺乏衔接。中华优秀传统文化与小学德育课程的结合若

缺乏组织性和计划性，就会让本该得到深入学习实践的中华优秀传统文化内容变得更加混乱。学校是培养人才、塑造学生品格的主阵地，应该把德育教育放在首要地位，使学生从内心深处认识到德育教育的重要性。学校应积极拓展德育途径，丰富德育内容，使得德育形式多样化。因此，为使学生更好地认知中华优秀传统文化，学校要从学生进校园开始就进行衔接。

**（二）教学模式的衔接**

其实，中华优秀传统文化教学模式的不同会影响到中小学德育工作的质量。因此，中华优秀传统文化教学模式的选择要注重与德育教育的衔接。德育教育课程的执教教师要根据教材内容以及学生身心发展的特点，选择正确、恰当的教学模式，营造出良好的德育教学氛围，继而深化中小学生对中华优秀传统文化的认知。

**（三）中小学生学习上的衔接**

在中华优秀传统文化与中小学德育课程相结合的过程中，执教教师不仅要重视教学模式的衔接，还要时刻关注学生的学习情况，注重中小学生学习上的衔接。在教学中，教师要充分考虑学生已有知识与现在要学习并且要实践的知识之间的联系，注重学生所学各部分知识之间的衔接，引导和帮助学生梳理已掌握的中华优秀传统文化知识，构建相应的知识体系。在上课的过程中，教师可以结合我国的传统节日，引导学生系统地搜集、整理中华优秀传统文化知识，让学生充分理解我国传统节日文化的内涵，激发其保护非物质文化遗产的意识，增强学生的爱国情感。

## 四、中华优秀传统文化融入中小学德育教学的策略

### （一）注重德育课程内容的分层化管理，因材施教

中小学德育教材存在内容复杂化、形式单一化和缺乏活力等不利因素，加之德育内容衔接得不完善，导致学生重复学习以及在学习过程中不理解的现象层出不穷。因此，各中小学校要根据教学内容的难易程度对教学内容进行分层分类，不同阶段的学生所学习的课程内容应层层递进，便于学生系统学习。

### （二）教学模式要注重多样化

对于不同年龄段、不同学习程度的学生，执教教师要注重因材施教和教学方式的创新，根据具体的德育教学内容进行具体化的德育教学。在教学过程中，教师可以通过互动讨论的方式来加深中小学生对相关德育内容的理解，还可以利用多媒体计算机等设备展示有关中华优秀传统文化的影片，帮助学生深入了解中华优秀传统文化，加深学生对所学德育内容的理解。

### （三）重视家庭环境和社会环境对学生思想道德的影响

家庭和社会是环境的产物，各中小学校要重视与这二者的联系，形成教育合力，构建中小学完整的教材体系和德育课程体系，让学生深入理解中华优秀传统文化，形成良好的思想道德品质和思想价值观念。

### （四）充分利用先进人物事迹、优质教学典故

各中小学校可以将中华英雄事迹编入德育教材，利用网络及各种多媒体设备宣传中华优秀传统文化，形成不同系列的德育内容，例如抗战系列、传统节日系列、非物质文化遗产系列等。这些教育活动都将对中

华优秀传统文化与中小学德育课程的衔接起到促进作用。

总之,把中华优秀传统文化融入中小学德育课程要以传承和弘扬爱国主义为核心,以和平统一、团结一致、自强不息的民族精神为主线,全面深入地将中华优秀传统文化融入中小学德育教育工作,促进中小学生身心全面健康发展。中华优秀传统文化的内涵意义深远,要让学生充分理解并将其运用到现实生活中,塑造健全人格,从而实现其各自人生价值。

本部分参考文献:

[1] 伍广溪.中华优秀传统文化融入中小学德育课程的衔接性研究[J].成才之路,2017,(34):6-7.

[2] 韩翠丽.优秀传统文化融入中小学德育研究[D].河北师范大学,2017.

[3] 吴志强.正确运用传统文化中的德育素材[J].湖南教育(A版),2017,(03):50-51.

[4] 李红瑞.借道德与法治课堂扬中华优秀传统文化[J].中学政治教学参考,2017,(32):31.

[5] 覃宇静.浅谈中华传统美德在中小学德育工作中的促进作用[J].课程教育研究,2019,(06):68-69.